U0815132

BLACK SWAN 黑天鹅图书

为 人 生 提 供 领 跑 世 界 的 力 量

BLACK SWAN

孙正义

未来的机遇在哪里

井上笃夫◎著
王健波 孙律◎译

そんまさよし

北京联合出版公司
Beijing United Publishing Co.,Ltd.

图书在版编目（CIP）数据

孙正义：未来的机遇在哪里 / (日) 井上笃夫著；王健波，孙律译. —北京：北京联合出版公司, 2015.4（2015.9重印）

ISBN 978-7-5502-4574-7

Ⅰ. ①孙… Ⅱ. ①井… ②王… ③孙… Ⅲ. ①电子计算机工业—工业企业管理—经验—日本 Ⅳ. ①F431.366

中国版本图书馆CIP数据核字（2015）第011786号

KOTO O NASU SON MASAYOSHI NO SHIN 30NEN VISION
KOKOROZASHI TAKAKU SON MASAYOSHI SEIDEN
Written by Atsuo Inoue

Original Japanese edition published by Jitsugyo no Nihon Sha Ltd.

This Simplified Chinese edition published by arrangement with Jitsugyo no Nihon Sha Ltd., Tokyo in care of Tuttle-Mori Agency, Inc., Tokyo through Beijing GW Culture Communications Co., Ltd., Beijing.

北京市版权局著作权合同登记号：图字01-2015-0305

孙正义：未来的机遇在哪里

作　　者：（日）井上笃夫
译　　者：王健波 孙 律
责任编辑：宋延涛 徐秀琴
特约策划：魏 玲 王文彬
封面设计：仙境设计

北京联合出版公司出版
（北京市西城区德外大街83号楼9层 100088）
北京尚唐印刷包装有限公司印刷 新华书店经销
字数242千字 710毫米×1000毫米 1/16 17印张
2015年4月第1版 2015年9月第2次印刷
ISBN 978-7-5502-4574-7
定价：42.00元

CONTENTS 目录

序 言

别人的眼中有更真实的自己

孙正义　软银股份公司总经理

我和作者井上笃夫先生初次相遇是在 1987 年，结识至今已有二十多年。那时，他是采访比尔·盖茨的知名作家。从那时以来，井上先生始终都在关注着我。

这部《孙正义：未来的机遇在哪里》在杂志上连载的时候，我作为一名读者也是乐在其中。井上先生辗转福冈，采访对我人生影响最大的小学恩师，数次远赴我的母校加利福尼亚大学伯克利分校，甚至探访我的祖籍韩国大邱，采访之彻底和态度之热忱令我从心底感到惊叹。

在这本书中，也有我所不知道的“孙正义”。我探寻其中，品味惊喜。

如今借着本书出版发行的机会重新阅读，不知会际遇怎样的孙正义呢？连我自己也不禁满怀期待。

CHAPTER 1

第1章

天生的二等公民

父亲三宪对正义的成功有何感想？在他的眼中，儿子原本是怎么样的一个人呢？

“正义”的名字是三宪取的，其中寄托了他对正义的期望——成为坚持正义的人。

传承孙家的血脉，正义如父亲所愿平安诞生。正义的祖父孙钟庆生于韩国大邱。大邱位于韩国东南，曾作为2002年世界杯的赛会城市。大邱孕育了许多政治家，如韩国前总统卢泰愚等。

孙钟庆在18岁的时候漂洋过海来到九州，先在筑丰煤矿打工，之后成了佃农，住在佐贺县鸟栖市。鸟栖是鹿儿岛和长崎两条铁路干线的交会站，而正义就诞生在车站的北方。钟庆的妻子李元照来自韩国江原道，两人婚后共生子女七人，长子三宪就是孙正义的父亲。

孙家具有辉煌的历史，先祖可以追溯到高丽将军孙干，可以说是将门之后，到孙正义的祖父正好是第19代。祖母李元照也是出身名门，正义从小就听家人说，李家因为给朋友做借款担保，所以才会破产。

由于父母忙于工作不能在家，正义是祖父母养大的，这也是探索孙正义人格时的一个重要考虑因素。和沉默寡言的祖父不同，父亲三宪性格开朗，行事不拘小节。三宪也是颇为自负，总认为自己与众不同。要过和别人不一样的生活，从中发现人生的价值，这一点正义难免受到父亲的影响。

无论是多么细小的事，做法总要与常人不同，正义也继承了父亲的创造性。

父亲从一文不名开始奋斗，渐渐干出一番事业，正义对父亲也是满怀尊敬。有时他会肃然起敬，宣称“我是第1.5代”。虽然子承父业的第二代并不是他，但他依然从父亲那里学到了很多东西。父亲也为名叫正义的儿子感到骄傲。“就像你的名字一样，只要做正确的事，一定会有好报。”

备受歧视的韩国移民

接下来，让我们回到遥远的过去。正义在上幼儿园时就是个开朗而又纯朴的孩子。有一天，一件事让他深感耻辱。

“呀，朝鲜！”

同在一个幼儿园、年长他几岁的男孩向他扔石头，正中他的额头，顿时鲜血四溅。

（为什么？）

大颗大颗的泪珠纷纷落下，这种不合情理的歧视他怎么都理解不了。他听人说祖父母是从韩国来的。这又有什么不可以呢？

在异国他乡的日本，祖父母为了生存拼命劳动，这不是很了不起的事吗？有什么好难为情的呢？

祖父母的脸上从不缺少笑容，一直都是那么和蔼可亲。“正义，我们一定要感谢工作着的人啊。我们可是托人之福。”为什么就不能以祖父母生于韩国而感到自豪呢？这些事为什么就不能当着日本人的面说出来呢？

他把这些想法包括被人扔石头的事都藏在心里，告诫自己绝不能说出去。虽然他很想忘了这些，但即便是长大成人后，每当下雨的时候，为什么旧伤口还会隐隐作痛呢？扔石头的孩子可知道他给自己带来了多大的伤痛？

虽然心灵遭受创伤，正义依然不失开朗，也正因如此，他才能完美无缺地茁壮成长。

父亲三宪半开玩笑地对正义说："你是个天才。"三宪总觉得正义和一般的孩子不一样，与其说是性格，倒不如说一开始追求的东西就有所区别。这倒不是父母的偏爱，连正义也毫不怀疑自己是个天才。

话一旦说出了口，就要坚定地向着前方挺进。

自己打定主意后就会一根筋地为之努力，就算父亲三宪也拦不住他。

有一次，正义不知什么原因顶撞了祖母，父亲斥责他："正义，没有奶奶的话，你还不知道在哪儿呢。不许顶嘴！"

"那好，我不对奶奶这样了，那爸爸顶嘴也是不对的吧？爸爸也顶撞过奶奶的吧，你老实说是不是这样？"

就算是父亲，不也一样要做正确的事吗？大人和小孩区别对待的借口可不能成立，少年正义是这样想的。

三宪含含糊糊、敷衍了事。正义紧追不舍，一直追到二楼。

父亲一回头，见正义泪流满面，但依然紧绷着脸，就像石头似的坚硬不屈。

"哦，我的神啊。"

韩国人喜欢祈祷，而在三宪看来，这孩子莫非真是上天的恩赐？

这孩子不属于自己，他是为了这个社会而生的。想到这里，三宪决定好好栽培正义。

虽然三宪从没说过要好好学习的话，但正义的成绩一直名列前茅。在就读的音乐学校里，他不仅成绩优秀，还充分发挥了领导才能。大家都喜欢他，纷纷叫他"小安"（当时孙正义用的是安本正义的名字）。

他对同学亲切热情，无论对谁都一视同仁。面对一个又一个的"问题”，他会妥善解决，如果是对方有错，他会一直说到让对方认错为止。

“我在小学时期学到了很多东西。也明白不能向他人发号施令，大家应该抱着共同的目标，做志同道合的朋友。”

在日后经商的时候，他也充分发挥了这一点。

“要想结成志同道合的伙伴关系，M&A[1]就是扩大经营的最好办法。”

北九州市立引野小学的班主任三上乔尽心尽力地开展教育，帮助班级的每个小组达成目标。正义是班级的领袖人物，受三上的影响，他曾经梦想成为一名教师。

他对父母说：“我想做个小学老师。”

“嗯，这很难啊。”父亲说道。

“为什么？”

“那可是公务员啊，你没日本国籍的话当不了。”

“只是教育孩子，为什么会牵涉到国籍呢？”

父母面露难色，这个问题不好回答，而且它也不是个人的问题。

“加入日本籍吧。”正义步步紧逼。

“正义，也许你自己还没有意识到。但是，在爸爸的眼里，你可是个天才。当个小学老师固然令人尊敬，但你不是还有别的追求吗？你的命运还是个未知数呢。”

对父亲的解释，正义怎么也听不进去，他甚至一个礼拜不和父亲说话。

虽然正义因为三上想做教师，但是这个念头他到最后都没告诉三上。那时的三上并不知道正义是韩国人。

在三上的班级中，正义和同学们交换通讯录，整整写了8本。内容也是各种各样，其中一则记录了正义的烦恼，那时他忙于社团活动，所以不能看望

---

1 M&A（Mergers and Acquisitions）即企业并购，包括兼并和收购两层含义、两种方式。国际上习惯将兼并和收购合在一起使用，统称为M&A，在我国称为并购。

生病住院的母亲。

我的妈妈住进了医院，她病得很厉害。可老实说，“快点好起来”这样的话我很难开口。我知道世上只有妈妈好，所以很为她担心。很想说声“妈妈，没事的”，可话到嘴边还是怕得没敢开口，我该怎么办呢？

我很想念妈妈，而医院探望病人的时间到下午6点就结束了。如果碰上班级有什么事情或者是足球练习，我常常要到5点半才能离开学校。这样一来，好几天都见不到妈妈，哥哥弟弟都说我“冷酷无情”。被他们这么说我好难过，老师，我该怎么办呢？

在封面写着“爱的口袋”的笔记本上，留着正义的一首诗：

友情

友情是在彼此一无所有的时候诞生的。

男人之间的友情是在相互了解对方的弱点时诞生的。

友情是让人真真切切地像人一样活着的标志。

友情并不等于同情。

正是因为想帮助对方振作精神，正是因为信任对方，彼此的心灵才能靠近！

再看看正义写的另一首诗，小学六年级学生的各类心情跃然纸上。之后他和陆弘亮的友谊、对莫泽尔博士的信任，由此可见端倪。

泪

你流过泪吗？

“你呢？”

“你呢？”

你可知道眼泪有多么宝贵?
它是释放人类情感的珍品。
“泪?”
流泪很难为情吗?
可是大家想哭也没哭出来。
“透明的珍珠。”
这才是人的宝贵财富。
“宝贵财富哦。”
即便这样,你还是觉得难为情吗?
“痛苦的时候”,
“伤心的时候”,
还有,“懊悔的时候”,
你的眼泪很自然地就流了下来吧?
即便这样,你还是觉得难为情吗?
世间也有泪水伴随着悲剧,
它们是——
“遭受原子弹爆炸时的泪水”,
“黑人受到歧视的痛苦泪水”,
“美莱村大屠杀[1]的泪水”,
世界上的人们现在是,将来也是一直哭泣着的吧?
为了倾诉这样的悲剧,眼泪绝不能少。
即便这样,你还是觉得难为情吗?
“眼泪可是宝贵的财富哦。”

---

1 美莱村大屠杀(My Lai massacre),越战期间美军老虎部队由于怀疑村民掩护越共逃亡,于1968年3月16日在越南广南省的美莱村(My Lai)进行屠杀。

多愁善感的少年正义把原子弹爆炸、黑人受歧视，还有越南战争中发生的美莱村大屠杀都写了进去，少年的满腔正义也展现得淋漓尽致。

珍视友情，憎恨歧视。思想深刻的少年正义性格开朗又不失稳重，受到很多朋友的喜欢。

1970年3月31日，日本极端组织“赤军”劫持了“淀号”飞机，9名劫机犯在韩国汉城（今首尔）的金浦机场释放乘客后直奔平壤，之后被确认逃亡到朝鲜。

4月，披头士在一曲*Let It Be*后宣告解散。4月10日，保罗·麦卡特尼正式发表解散声明。有人说乐队解散是由于保罗希望能有时间陪伴家人，另有说法是约翰·列侬与大野洋子结婚之故。

11月25日，曾著有《假面的告白》《金阁寺》等作品的知名作家三岛由纪夫与四名“盾会”成员在东京市谷的自卫队驻地前号召政变，由于自卫队无动于衷，三岛按传统切腹自杀。

时代发生了翻天覆地的变化。这一年，正义升入中学，他是否察觉到周围的巨变呢？

但是，他自己并没有被卷入时代的旋涡。一进中学，正义很快就加入了足球部，考虑到要锻炼脚力，他还穿了双特制的铁鞋。

70年代流行的热门动画是《巨人之星》。该热血棒球动画由川崎升和梶原一骑制作，星一彻和星飞雄马父子的故事也感动了许多少年。而主角星飞雄马则是全日本少年崇拜的对象，连正义也没有例外。星飞雄马身上戴着特制的工具进行锻炼，最后成为传奇投手，而进了足球部的正义也以星飞雄马为榜样。

（我想像星飞雄马一样。）

少年一旦去做什么事就会坚持到底，连上学放学的时候也想着怎样使腿和腰得到锻炼。

第二个学期，为了让正义升入教育水平更高的学校，全家搬迁到福冈。

由此可见，父母对正义抱着多大的希望。于是，正义转到了城南区的城南中学，该校每年都有许多学生升入著名的修猷馆高中。

因为学校没有足球部，所以正义就进了剑道部。虽然转到了新的学校，但是正义不仅和男生打成一片，也很受女生的欢迎。虽然他自己对此毫不在意，但是练剑的时候不知会从哪里投来关注的目光。正义威风凛凛的样子令女生怦然心动，穿戴剑道防具，手执竹刀，虽然还是个少年，但剑士昂扬的斗志、饱满的精神已经初现端倪。

正义从北九州转来，他的语言和博多话有点不同。比如说“怎么了”，北九州方言会说“咋了”，而博多话则是“怎么回事”，略有不同。问别人“那里有什么”的时候，正义会把“那里”说成“那儿”。因此，女生们回一句：“那儿？”然后纷纷嘲笑他。然而，正义只是微微一笑。

对少女们来说，这样的男生性格爽朗，同时又有几分神秘，绝不向他人展露内心，那时应该有不少女生悄悄暗恋着少年正义吧。

到了中学时期，正义满怀正义的性格就更加坚定不移了。

安本这个姓在日语中不止一种读法，有一次老师不小心念成了另一种。正义没有拍案而起，当然也没有默不作声，他冷静地抗议道：“老师，你念错了，可以改一下吗？”教师对此不以为意，但是2年级3班的45名学生全都站在正义这边。（安本同学好样的。）

还从没有学生敢在老师面前理直气壮、坚持己见。面对这样的男子汉，女生们不由得盯着他看得出神。

有一次放学，女生们遇上了麻烦，几个同学慌忙跑回学校，教室里正义还在。

“快来人啊！”

正义赶紧跑到现场，对着不良少年们大吼一声：“住手！”

英雄救美的结果就是英雄挨打，女生得救。

正义常和伙伴们出游，他们踩着自行车一直骑到室见川上游的肋山，然后在那里钓河鲈。喜欢和他一起去钓鱼的古贺一夫是正义的同学，两人关系亲密，常常寄宿在对方家中。

“今晚住我家吧。”正义打电话发出邀请。

“行啊。”古贺回答道，晚饭过后来到了正义家。

除了摆放整齐的教科书和参考书，正义家别无特色，不过墙上岩下志麻的巨幅海报倒是很显眼。岩下当时29岁，成熟稳重，演了很多反映社会现实的电影，如《影之车》（松本清张作品改编）。这位散发着成熟气息的女演员就是少年正义憧憬的偶像。

正义和古贺畅所欲言，听听音乐，一直到天亮。

此外，那时正义还很迷保龄球，早上也要玩几场才去上学，为此常常迟到。一旦着迷，就要玩个痛快，这倒也很符合他的性格。

初二时竞选学生会会长，古贺帮助正义一起绘制海报。

到了初三时，正义开始埋头苦读。虽然他在北九州的中学全科都是5分，但转到福冈的著名中学后，成绩全都是2分。

他找到全校第一的三木猛义：“怎样才能提高学习成绩呢？”

三木的回答是：“去森田补习学校（森田修学馆）就行了。”虽然正义很反感去补习学校，但是为了实现目标，他还是决定走一走捷径。

正义和母亲去森田学校接受面试，校长森田让康看了看正义的成绩单，马上就表示：“你这样的成绩我们不能收，去别的学校吧。”

当然，如果就此望而却步那就不是孙正义了。但是，该怎么办呢？

正义向三木猛义的母亲利子求助：“阿姨，你能替我向森田老师说说情吗？”

看到正义认真的神情，利子心想，为了他就豁出去一次吧。于是，她和正义再次来到森田学校。

“这是我儿子的朋友安本，非常非常优秀的一个孩子，拜托您让他入学吧。”

被这份热情打动的森田校长终于答应了下来。

获得了许可，正义也拼命用功学习。虽然开始还有些跟不上，但渐渐地成绩有所提高。

后来孙正义对利子这么说道："我能有今天，都是托了三木同学和阿姨您的福。如果没有遇上三木同学，我恐怕会六神无主，成为不良少年吧。"

六神无主，这可是相当糟糕的状态。

临近毕业，正义和伙伴们各自决定去向，踏上了不同的道路。他怎么也平静不下来，因为他有一道非解决不可的难题。

正义和古贺还有别的朋友去天神游玩。因为下雨，他们躲进了天神西大街的回转烧烤店。正义碰都不碰馒头，直接开口说："其实……"

朋友们的目光都集中在他的身上。

"以前我从来没说过，现在也很犹豫该不该说……"正义一本正经地说道，"我其实是韩国人……"

他字斟句酌，接着说："我怕你们知道真相后就不和我做朋友了，所以现在才告诉大家，真对不起。"

朋友们心底受到了很大的震动，但谁也没有说话。这时不知谁冒出了一句："雨停啦。"

紧接着又有人说："走啦走啦。"

少年们纷纷跳上了自行车。

凉风拂面，心旷神怡，每一个人的脸上都是晴天。

精神偶像：坂本龙马

孙正义很崇拜日本战国时代的武将。

他曾听祖父说孙家先祖是高丽将军孙干，也许是因为这个原因，他对韩国历史、日本历史也是兴趣颇丰。江山代有才人出，武将也是各领风骚。从中学时开始，孙正义就对织田信长、丰臣秀吉、德川家康等战国武将的故事津津乐道。

孙正义对战国武将有何感想？从他们身上学到了什么呢？在如星光闪耀的武将之中，织田信长最让他钦佩，信长与众不同的人生也深深吸引着他。织田被称为尾张的大傻瓜，年纪轻轻就抵抗住名将上杉、武田、北条的重压，并让战国枭雄斋藤道三做了自己的岳父。他果断地挑战封建传统的束缚，一边夺取天下霸权一边推行革新。在他的引领下，新政层出不穷，如废关所、设立任何人都可以自由做买卖的乐市和乐座[1]、允许传播基督教等。

关于仁人志士，孙正义对笔者说，他觉得最了不起的是织田信长，最喜欢的是坂本龙马。

“所谓了不起的人物，对自己来说遥不可及、无法效仿。而喜欢的人物，虽然并不是十全十美，但感觉就在身边似的。”

要说管理者的话，他觉得，最了不起的是松下幸之助，最喜欢的则是本田宗一郎。

孙正义有意识地向织田信长学习，培养战略眼光：“在当今企业家中，能像信长那样战略性地推动社会变革的人几乎没有。”

也有一些作品详细刻画了这些英雄的光辉事迹，它们对正义的人生具有重大的影响。

司马辽太郎可谓日本具有代表性的著名作家，他不仅编著历史小说，也发表了许多文章和评论。他的长篇历史代表作《龙马奔走》描绘了幕府末期维新志士坂本龙马波澜壮阔的一生，至今仍可谓日本国民文学的代表作品。

1 日本在16世纪至18世纪期间，织田信长、丰臣秀吉及诸战国大名将在其领地所推动的一项经济政策。“乐”字在这里是自由化的意思；“座”则是指平安到战国时代的工商业者、演艺人员组成的工会，他们向朝廷或贵族、寺院支付金钱，以换取独家专卖或贩卖权。

孙正义反复阅读《龙马奔走》（全五卷、文库本全八卷），至少精读了三遍。

第一次拜读是他15岁的时候，第二年他就下定决心从高中退学，留学美国。当时，美国之行遭到家人的强烈反对，孙正义觉得自己就像龙马脱离土佐藩一样。

第二次回顾时孙正义已经成为管理者，患病住院，生死系于一线，心忧明天，痛恨病魔。但是小说给了他很大的勇气，让他觉得整日烦恼的自己实在渺小。

第三次是1994年6月软银股份公司正式成立后不久。孙正义打算收购Comdex和Ziff-Davis Inc，而周围一片质疑之声，大家觉得这个投资并不明智。那时也是龙马赋予了孙正义勇气。

“人生只有一次，我不想留有遗憾，所以要做自己想做的事情，这样不是有趣得多吗？在人生谢幕的时候，就会有不枉此生的感觉。”

幕府末期，热血青年坂本龙马脱离了土佐藩，成为一名一贫如洗的无业游民。邂逅留美归来的胜海舟后，龙马随即拜在他的门下。在神户海军操练所（胜塾）任教，指导书生。庆应元年（1865年），他在长崎经营海运和贸易的龟山商社效力，之后组织海上救援队，促成了萨摩和长崎联合的伟业，宣告了德川幕府的寿终正寝。同时，龙马还为江户无血开城和大政奉还出谋划策。庆应三年（1867年）十月十四日，江户幕府第15代将军德川庆喜上书请求交还朝政，次日得到批准，自镰仓幕府成立以来长约700年的武士统治至此结束。

然而，一个月后，即庆应三年十一月十五日，龙马去京都三条河源街，在近江屋新助的二楼会见中冈慎太郎，被名叫十津川乡的刺客暗杀。

少年正义每每看到信长死于本能寺之变、龙马在京都死于非命，总会痛彻心扉。除了共同经历不幸，信长和龙马还有别的相同点吗？答案是否定的，他们的性格、资质、行动都迥然不同。但是他们都喜欢新鲜事物，都有超脱日本人的奇思妙想。正义连梦中都对龙马念念不忘。龙马是日本第一个度蜜月的新郎，也是第一个穿西式长靴的时尚人士。人生只有一次，就应该像龙马那样活得精彩。面临高中升学的关口，正义认真地思索着自己的人生。

人生就该是热血沸腾的，就该像信长和龙马一样。环视四周，当时正是伊奘诺景气[1]的好时候，每个家庭的年均收入提高了12.5%，年收入首次突破100万日元，较前一年增幅显著。而另外，国外却对日本大加批判，讽刺日本人是“经济动物”[2]。人们各自过着富裕的生活，但这样真的好吗？每天衣食无忧，安心等死，这不是孙正义追求的人生。

志存高远，昂首挺胸地踏上自己的人生之旅，就像龙马那样。小时候，他的理想是小学教师、画家、企业家、政治家——总之都是这一类追求创新的了不起的职业，可以说很符合少年的憧憬吧。而进入中学后，他明白因为国籍问题自己很难成为教师。“那好，我就以别的职业为目标吧。”于是，他下定决心要做一名企业家。

如果和龙马一样生在幕府末期，那也可以把命运押在政治上吧。但从日本的现状来看，政治已经失去活力。龙马如果生在当代，也一定会去拼命创业。做一个企业家，正义下定了决心。

关于正义的中学成绩，3、4、5分各有三科，英语和理科是他的强项。虽说做事认真、思路清晰，但光从成绩来看，还不能说他出类拔萃。

来到博多、进入森田这所升学培训的名牌学校后，正义聚精会神地专心学习。

在九州，鹿儿岛的LaSalle高中和福冈的久留米大学附属高中每年都有很

---

1 日本自1965年到1970年期间连续五年的经济增长时期，是“二战”后最长的经济增长周期之一。

2 Economic Animal，只追求经济利益的动物，这是国际社会对日本人自私自利的生活方式加以讽刺的词语，最早由巴基斯坦外长布托于1965年提出。

多毕业生升入东京大学，而正义的目标就是这两所学校。

但是，正义的人生却要经历一场始料未及的悲剧——父亲三宪病重入院。由于酗酒和过度操劳，三宪肝硬化和十二指肠溃疡并发，在盥洗室吐了很多血，病情十分危急。鹿儿岛是去不成了，别无选择的正义决定报考离自家较近的久留米大学附属高中。该校学生多为医门之后，可谓声名远播。

发奋苦读终于有了回报，正义成绩节节高升，成为全班名列前茅的尖子生。要想从就读的城南中学升入久留米大学附属高中，年级排名必须在前20名以内，竞争比例达1∶11，门槛极高。然而，他无论如何都要考上该校的决心丝毫没有动摇。

“如果今年没考上，那我明年还要来考。”

这话一经说出，人也是斗志大起，只有在这样的时候，正义才能展现出自身的实力。

拉班主任创办高中的高一学生

1973年2月，录取名单公布。正义突破了重重难关，成功升学。4月8日，他如愿以偿地走进两侧樱花盛开的校门。

一年级C班的班主任是执教第三年的阿部逸郎。那年他26岁，第一次独当一面成为班主任，对安本正义也是印象深刻。

少年正义性格安静，脸上总是挂着笑容，有一次他来到教师办公室。

“老师，我想建个学校，您能帮我吗？”

虽然和朋友交流正义说的是博多腔，但在长辈面前，他还是用标准话不紧不慢地讲述。

阿部老师一下子没明白正义的意思：“建个学校？”

“我连教学计划都想好了。”正义递给他一张纸，“所以，一定得有踏实可靠的教师。因为我不能做教师，所以想请您帮忙。”

正义的表情很认真，不像是开玩笑："不好意思，请问您现在的工资有多少？"

这孩子在说些什么呢？而且还说要给自己相当于现在两三倍的工资。阿部老师一下子愣住了，一个新生突然说出这种话来，作为老师该怎么回答呢？

"让我好好考虑考虑吧。"

虽然只是这样简单的一句话，正义还是精神满满。

事后才知道，正义和校长也聊了这个话题。他是认真考虑过想引进优秀人才的。原巳冬先生长期担任县立高中的校长，在县内也是名人。正义竟然连这样的大人物也想公开"猎头"。结果自然是被原校长训斥了一顿，但正义并不是纸上谈兵，他无论做什么事都是一丝不苟。

通过这件事可以看出正义身为企业家的潜质。

正义寄宿在靠近西铁久留米站的人家家中，房东在镇上也是有权有势。寄宿的屋前有一座地藏菩萨，正义每天都要向菩萨双手合十，然后走上25分钟到达学校。走路的时候他也在不停地思考：日本人的话，三年高中毕业，再上四年大学，这样也许不错，但自己身为韩国人又该怎么办呢？这问题很难马上给出明确的答案。

正义想创业，他对教育一直热心，心想建个培训学校也许不错。

三木猛义自中学以来就和孙正义在同一个年级，孙正义把自己的想法告诉了三木的母亲利子。

"我想在这附近建学校，阿姨，你能帮我想想办法吗？"

他做过市场调查，周边区划很多，应该有利可图，所以才想踏出这一步。

"等大学毕业后也不迟吧？"利子虽然教训了他一顿，但那时少年正义热情燃烧的双眼她怎么也忘不了。

"这孩子有些与众不同。"

高中的正义并不是每天都在埋头苦读，而是过着悠闲自在的生活。因为那时没有社团活动，所以相对也比较自由。

看看当时流行的里中满志子等人的少女漫画，一到周末就和朋友去逛久留米的商业街、看电影或者吃拉面。

在校园内，考试结束后会把前15名的名单贴出来，正义榜上无名。对他来说，最关心的就是怎样度过人生吧？要和坂本龙马那样，像维新志士那样。正义身体力行。

这年7月，他和祖母结伴出游，目的地是祖父母诞生的韩国。而且，他还利用暑假时间去美国做短期留学，学了一个月的外语。正如前文所述，这一系列体验决定了正义此后的人生。

CHAPTER 2

第 2 章

未来经不起耽搁：时间轴上的狂飙者

多等一秒都是煎熬：说走就走的留学之旅

1973年1月27日，美国、南北越南及越南南方共和临时革命政府在巴黎共同签署了《关于在越南结束战争、恢复和平的协定》。美国本该“光荣撤退”，结果协定成了一纸空文，越南战争为此又延续了两年之久。

那年夏天，一位少年赴美做短期留学，选修语言。即将首次踏上美国的土地，少年不禁满怀憧憬。然而，羽田机场的离境通道却给他泼了一盆冷水。他不得不和同行的伙伴分开，孤零零地朝着外国人专用的离境通道走去。

“为什么就你和别人不一样呢？”一位朋友喊道，少年只好装作没有听见。

当时，日本人和外国人的离境通道是分开的。对正义来说，侨居日本的现实平时几乎不用放在心上，但这一瞬间却让他骤然惊觉。怀着远大理想正要奔赴美国，却被这样的小事坏了心情，真是扫兴。一进机舱，兴奋不已的同伴们还在欢呼雀跃，正义却不知不觉进入梦乡，呼呼大睡起来，他的情绪转换很快。

“啊，睡得真舒服。”飞机不久抵达旧金山机场。仰望蓝天，加利福尼亚上方晴空万里、一望无垠，和日本的天空完全不一样。正义深吸了一口气。赶走了初次踏上外国土地的紧张，因为时差颠倒而昏昏沉沉的大脑也一下子清醒了过来，羽田机场离境通道那屈辱的一幕早已抛到脑后。

语言研修课程是借用知名学府——加利福尼亚大学（UC）伯克利分校的教室授课的。L和R的发音很难读准，在日本耳熟能详的单词用英语就是念不好。就拿“麦当劳”来说，听着完全就像是另一个词，按照日语的念法，美国人是听不懂的。虽说日后孙正义在全世界出席会议、在大庭广众中发表英语演讲，但那时他的英语水平还不过如此，老师不得不多次校正他的发音。

那段时期，侨居美国的第三代日裔大桥・比科特老师虽然不是正义的班主任，但对他关爱有加。除了上课，正义还走访旧金山市，游览尤塞米堤谷国家公园、大峡谷国家公园等名胜。但是比起观光来，购物中心和高速公路给他留下了更深的印象。

“好壮观呀！我想对美国再多一些了解。”这样一想，自身的那些烦恼也就显得微不足道了。

20世纪70年代，伯克利分校掀起了反对越战的各种示威活动。然而，在学术层面，该校也涌现出多位诺贝尔奖获奖学者，是全美屈指可数的名牌大学之一。

一天的授课结束后，正义会和同伴漫步校园。不知从哪里传来学生激昂演说的声音，也能看到敲着大鼓的青年，甚至还有躺在草坪上、半裸着上半身看书的女生，大家都是那么自得其乐，享受美好的校园生活。经过主图书馆，可以听到从萨瑟塔传来的钟声。萨瑟塔可是伯克利分校的标志性建筑，即便在校内迷了路，只要以塔为参照物，准能找对方向。

在校内可以遇到形形色色的人，肤色和年龄也各不相同。美国是个人种集合的大熔炉，虽说在教材上读到过类似评论，但实际一看，还是被这样的气势所压倒。正在东张西望的时候，突然一个身高体壮的男士向正义搭话。

他到底在说些什么，正义完全不知，只知道怎么听都不像是英语。那人穿了条红黄蓝三色相间的花衬衫、头上包了块像布一样的东西，费力地向正义说着些什么。只要身处校园，人人都是朋友，彼此可以随意交谈，这就是美国大学的风格。完全不必在意国籍，这里只有人与人的邂逅。正义张开双臂，穿过萨瑟门，勇气也涌上心头。他暗暗欣喜：美国虽然卷入越战的旋涡，但是能来到这样的国家真是太好了！

四周语言研修结束，正义回到了日本，脸已经晒得黝黑。

他说："我不想念高中了。"

此言一出，自然遭到家人的强烈反对。

"这也太早了！"亲戚劝告他说，"好不容易才上的学，怎么说也得毕业吧。"

但是，真的是这样吗？

"我是韩国人，就算大学毕业也很难被日本人接受。"正义早有觉悟。

"如果在美国有所成就，就能得到日本社会的认可。"他的头脑中已经有了明确的目标。

"人生苦短，少壮不努力，老大徒伤悲。"

想想伯克利校园上空，美国的蓝天是那么辽阔，前所未见。

"人生短暂，正因如此，更要活出属于自己的精彩。"

想想萨瑟塔前、主图书馆的入口处，学生们惜时如金，连等待开馆的时间都抓紧学习。为什么我就不能像美国人一样相信未来、朝着自己的目标挺进呢？

"因为想活出属于自己的精彩，所以我才那么迫切地想去美国。"

班主任阿部逸郎表示，至少等9月份体育节结束后再退学。

"谢谢您，老师。"

老师是想给我的高中生活留下美好回忆，想到这份温情，正义热泪盈眶，但是他拼命忍着，不让泪水流下来。（男儿有泪不轻弹。）

但是母亲倒为他落泪了，她担心儿子一去不返："你这一去美国就不回来了，不是吗？”

正义是“一言既出，驷马难追”的性格，但他的心底何尝没有烦恼，况且那时父亲刚吐了血。

“丢下患病的父亲不管，只想着自己，怎么可以这样呢？”

“你不知道妈妈一个人有多孤单吗？”

“这个家眼下正是困难时期，你还打算一个人去美国？”

正义体会到了坂本龙马的心境。对保守的土佐藩彻底绝望后，龙马毅然决然选择脱藩[1]。脱藩在当时是大逆不道之罪，亲人、朋友也会受到牵连。即便如此，他依然义无反顾。现在对美国之行心存疑虑的话，就没法开拓道路。为了大义，有时难免要让他人流泪。希望有朝一日能回报家人的深情厚爱吧，如今唯有向着新天地大步迈进。

虽然出国的决定遭到亲人的一致反对，但最先支持正义的人却是卧病在床的父亲三宪，那时他因为十二指肠破裂而被送进医院。“一年回来一次，要和东方女人结婚。”躺在病床上的父亲只提了这两点要求。

挂念着父亲，正义的眼睛凝视着远方。

当时，世界正处在混沌之中。第四次中东战争打响，石油危机爆发，日本也掀起了卫生纸的抢购狂潮，物价急剧上涨。激进派行为更加偏激，在加利福尼亚还爆发了轰动一时的绑架事件，传媒大亨赫斯特的千金帕蒂在伯克利的家中被人拐走。

1974年2月，正义即将踏上加利福尼亚之旅。久留米大学附属高中的同学前来送行，他们在市内的石桥体育中心为正义举办了送行会。

“加油啊！”

他们纷纷送上果汁和点心，为正义的前途祝福，最后大家一起唱起了日剧《青年们》的同名主题歌。歌词里有这么句话：“你要离开吗？即便是这

---

1 日本武士除了直属将军外，都是各藩（相当于中国各省）藩主的手下。脱藩就是脱离藩主的领导，相当于背叛行为。

样……”唱到这里的时候，正义不禁热泪盈眶。

家人都到福冈机场为他送行。

“一定要回来啊。”抚摸着儿子的背，母亲泪如雨下。

“一言为定。”正义故意冷冷地回答道。

飞机一起飞，各种回忆在脑海中此起彼伏。然而，无论何时都不能沉溺于伤感之中。

速度还要再快一点：百米冲刺般的升学速度

位于旧金山郊外的圣名学院是于1868年创立的罗马教会学校，以护理学和经济学等出名。校内有一所英语学校（ELS），正义就在那里开始刻苦学习英语。他坚决不说日语，就算别人问他：“你是日本人？”他也还是用英语回答，因此他的英语水平渐渐有所提高。

沿着校内长长的石梯走到顶是教堂的阳台，如果天晴，可以远眺里奇蒙德桥、金门大桥、海湾大桥和圣马特桥。远方是聚集众多高科技企业的硅谷。那时的正义还不可能意识到，日后正是硅谷决定了他的命运。再远一些就是太平洋，而大洋的彼岸就是日本了。正义想起在日本立下的雄心壮志：“做一名企业家！”“我要夺取天下！”

7个月后，1974年9月，正义来到与旧金山南部相邻的戴利城，成为该市塞拉蒙特高中（四年制）的二年级学生。这时，少年叩响了命运的大门，而大门也缓缓向他打开。

1974年8月9日，由于水门事件曝光，尼克松总统引咎辞职。10月14日，长屿茂雄[1]在留下“巨人军永不灭”的名言后光荣退役。

---

1 日本棒球界一代传奇，效力于巨人队时身穿3号球衣。

故事发生在当年9月新学期开学后的某一天，那时加利福尼亚早晨的阳光还不是很强烈。地点是旧金山南面、戴利城的塞拉蒙特公立高中（该校于1994年停办，如今作为成人高校重新开放，专门培养计算机技术人员，笔者到访那天还能见到不少年轻人正在积极学习计算机技术）。一位身穿短袖T恤衫、留着长发的少年神情紧张地敲响了校长室的门。

“有什么事吗？”校长安索尼·特鲁希罗和蔼可亲地望着面前瘦小的少年。他在大学时期是著名的足球选手，体格健壮，声如洪钟，又不失笑容，深受学生们的爱戴。校长满脸笑容地让少年进了办公室。

“有件事想和您商量。”少年正义在美国用的是Sun Jung的名字。进入塞拉蒙特高中二年级班的头一周，他感觉一切都很新鲜。同学们一个个长着和好莱坞电影角色相似的面孔，女生们光彩照人，洋溢着青春的气息。彼此可以随意交流，孙正义也能和他们无话不谈，这正是他梦寐以求的美国留学生活。然而，他开始察觉到一丝事与愿违——课程内容不符合自身的水平，不是太难了，而是过于简单了。

“我可以马上转成三年级吗？”

听了这话，一向稳重的校长脸上顿时没了笑容，眼中闪过一丝光芒。

“从你的履历来看的话……在日本还没念完高中吧？”

“是的，我中途决定留学美国了。”

“可是……”校长目瞪口呆，“你不是连高一都没学完吗？”

塞拉蒙特高中学制四年，高一相当于日本的初三。孙正义在日本初中毕业，所以在这里读高二。

“可是，我想上大学，越快越好。”

校长被孙正义胆大的发言震惊了。这不是东方人惯有的谦逊姿态，而是咄咄逼人的积极进取。

第二天，孙正义就成了高三学生。接下来的连续5天，他手不释卷、忘我苦读，连吃饭和上厕所的时候都捧着教科书。见他如此用功，特鲁希罗校长英明决断，特许孙正义又从三年级跳到了四年级。孙立即发起挑战，决心化不可能为可能，那就是参加大学入学资格考试。

在美国，高中没毕业就上大学的例子并不罕见。但是，3个星期实现高中毕业、通过困难重重的考试，这样的先例可以说基本没有。只要通过资格考试，即便未满18岁也能获得高中毕业资格，准许参加大学考试。但是，考试需要数学、物理、化学、历史、地理、英语6门科目全部合格才行，一门不过关就得从头再来。

校长并没有从一开始就扼杀正义的挑战，至少也是想鼓励他挑战一下自我，所以还专门写了封介绍信。虽然如此，从少年的英语水平来判断，他不认为正义能通过考试。但是，天底下就有一个人，也只有这一个人对考试过关深信不疑，那就是孙正义他自己。

资格考试一天两门，总共考3天。早上9点，考试开始。拿到试卷一看，孙正义顿时呆住了。和日本完全不同，桌上堆了一沓试卷，足足有数十张纸。若是一般学生，光看到这么多卷子就被吓倒了吧。换作别人，一定会为自己的冲动后悔不已。只是，如果今年考试失利，那就得等到明年才可以重考。（我可没那么多闲工夫。）既然下定决心，那就坚持到底。只想不做，这和一般人有什么两样？索性一口气拼到底吧。人生只有一次，所以一定要在历史上刻下自己的名字。如果随波逐流、亦步亦趋，那是不可能名垂青史的。

不愧是孙正义，事到如今依然心怀希望。他暗暗祈祷，不过对象并非神灵，而是自己的命运。心意已决，孙正义向主考官提出申请，要求允许使用字典以及延长考试时间。

“很遗憾，你不能例外。”

孙正义的表情唰的一下变了，谁也不知道他此刻内心的坚韧不屈。“那我直接去找负责人……”

有没有这么说连孙正义本人也记不清了，唯一确定的是他走出了教室，来到教师办公室。虽然头脑发热，但也不失冷静。这是少年与生俱来的非凡特质。

教师们纷纷向他投来好奇的目光。孙正义说明来意，很快就博得了一些人的同情。这种场合下，他们展现出了美国人的坦率。室内的空气为之一变，一位教师立马拨通了教育委员会的电话。电话那头，教育委员长竟然答应允许破例，这与其说是因为少年的主张通情达理，倒不如说是被他的热情所折服。当然，现在回想起来这些都是歪理了，孙正义笑着说。但那时的他必须尽力拼争，无论如何都得渡过这道难关。来美国的一切目标能否实现，可都取决于这次考试了。

虽然允许延长考试时间，但没有具体说明延长到什么时候，孙正义理解为到自己觉得可以交卷时为止。他拼命钻研，直到解开问题为止。虽然这是理所当然，但毕竟是面向美国学生的考试，恐怕会有一大堆看不懂的单词。孙正义开始了殊死搏斗。换作美国学生，读了文章后马上就能明白问题问的是什么。然而对孙正义来说，首先看懂问题的意思就要花去不少时间，而正确用英语书写答案就更是难上加难。就算英语不正确，至少也得答在点子上，问题里肯定也藏着陷阱啊。

我的回答对不对呢？孙正义一遍又一遍地看着自己的试卷。下午3点，time is up（时间到）。其他考生纷纷离场，而孙正义还在埋头答题。

第一天考试结束，时钟指向了晚上11点。主考官明显已经精疲力竭，勉勉强强挤出一句："Well done（干得漂亮）。"

孙正义面带微笑，轻轻地说了声："谢谢！"头已经昏昏沉沉，总算回到了宿舍，收音机里传来沙滩男孩的热门歌曲。

第二天考的是美国史，正义完全是凭直觉答题，即便如此，交卷时间还是超过晚上11点了。第三天也是最后一天，孙正义已经疲于奔命，总算考完了最后一门——物理。午夜12点，都已经是第四天了。

两周后，孙正义收到了加利福尼亚州教育委员会的邮件。结果怎样呢？他紧张地打开信封。

数学几乎满分，物理也不错。英语、化学、历史、地理等科目就不尽如人意了。但是，紧接着，"Accept（合格录取）"跳入眼帘。

孙正义不由得欢呼："万岁！"

之前还很担心，心想，如果拼尽全力还不行，那只能放弃了。现在总算松了一口气。少年很讨厌给失败找借口，而将信念贯彻到底的感觉真好啊！

就这样，孙正义结束了短短3周的高中生活，成为一名大学生。

塞拉蒙特高中教务部的记录里只有这么一句："1974年10月23日，Jung-Eui Son，退学。"

教务部的一位官员说道："虽然孙先生没有毕业，但我们依然为拥有像他这样的学生而备感骄傲。"

沐浴数字时代的曙光

到了美国，孙正义很快进了ELS学校，而且两三周后还结识了来自日本的大野优美。她相貌出众，身材苗条，长发飘飘。初次见面，那一刻正义的心咚咚直跳："好可爱啊！"第二次约会的时候，他暗暗下定了决心："我非优美不娶！"虽然两人还没牵手，但直觉已经这样告诉他："她外表楚楚动人，内心也有坚强的一面。能遇上这样优秀的女生，我真是太幸运了。"只是在楼下遥望她的身影，心也是跳个不停。两人一起在图书馆自习，既是学习，也是约会。有时他们也会一起在咖啡厅聚餐。而在优美的心中，初次见面的孙正义是一个"年龄不详的怪人"。

在ELS学习半年后，正义进了塞拉蒙特高中。优美则升入圣名学院。她年长两岁，如果正义按部就班地待在高中念书的话，那两人还得分开三年。

"我想和优美一起学习，越快越好。"可以说，正是这样强烈的意愿驱使正义完成了跳级的壮举。之后的人生也已决定，他已经勾画好了青春的蓝图。孙正义兴奋地给优美打电话："我也要去你那儿（的大学）。"

而此时，决定人生的另一个冲击也在前方等待着他。人生存在着意想不到的邂逅，或者说，一个幸运必然会牵出另一个幸运来。毫无疑问，正是和优美的相逢引出了这个机遇。孙正义时常光顾西夫韦超市[1]，有一天他买了一本科学杂志《大众电子》，其中刊登的一张照片吸引了他的目光。那是英特尔公司发布的一张i8080电脑芯片的放大照片（8位微处理器登场，能以八进制的0和1为单位，这与个人电脑的诞生以及今日的普及大有关联）。

“这样令人激动的东西真是前所未见。”

这个小东西也许能让人类的未来焕然一新。这样一想，正义感觉仿佛从照片上喷射出巨大的能量，把他都打湿了。

“我只要遇到打动人心的电影和音乐，手指立马就会动弹不得。而那时的感觉也是这样，我一下子就热泪盈眶了。”

几何模型经光线的反射放出耀眼的光芒，孙正义把计算机看成是超越人类的智慧生命。

“它是人类迄今为止最杰出也最伟大的发明。多么灿烂的光芒啊。它或许开创了新局面，人类活动有可能超越已知的生产范畴吧。”

孙正义回想起六七岁时在电视上放映的《铁臂阿童木》，茶水博士操作大型电脑、信号灯一闪一闪的场景至今令他难忘。

“此前，我对电脑的印象仅此而已。”

但是，眼下这个小生命正散发着耀眼的虹光。正义剪下照片，塞进活页夹，放在背包里，片刻不离左右，连上厕所也带着，睡觉时就压在枕头底下。正是从这个时候开始，孙正义开始考虑应该以怎样的姿态参与到计算机行业中来。

与此同时，一个美国青年的人生也因为这则消息而受到人生的冲击。他和孙正义一样对单芯片微型计算机满怀热忱，很想一睹为快。他就是比尔·盖茨，微软董事长，1955年生于华盛顿州西雅图市，世界第一富翁，电脑天才。

1974年盖茨还是大二学生，拿到《大众科学》时激动万分、难以言表

---

1 世界财富500强之一，总部设在美国，主营零售。

的情形他也是至今难忘。关于那则消息带来的震动，盖茨对笔者说道："太激动了！在个人电子技术领域方面，我认为人和电脑的关系已经完全改变了。"

一般的读者几乎不会在意这样一则小新闻：在新墨西哥州的阿尔布开克，MITS公司研发了一台计算机，重达350吨，取名Altair[1]。盖茨马上说服了和他一样聪明的天才保罗·艾伦。两人首次相遇是在西雅图的著名中学——湖畔私立中学。当时学校新添了一台电脑终端机PDP-10，虽然是分时段使用，但两人从此深深迷上了电脑。"现在是将BASIC（面向计算机初学者的编程语言）植入微型计算机的时代，我们得抓紧了。"两人之后的举动在21世纪初的今天看来依然堪称现代史上的神话。这一年的2月和3月，盖茨和艾伦把自己关在哈佛大学学生寝室的小房间里，埋头进行研发。

他们惜时如金，连吃饭也是可乐就着汉堡草草了事，每天都是趴在桌上睡觉，这些都展现了电脑构思初期洋溢着青春的身影。"眼下正是决定性的阶段，不，是我们决定历史的瞬间。提早一年或者推迟半年都不行。"电脑战国时代的大幕徐徐拉开，他们俩终于开发出用于Altair的BASIC语言。那一年，比尔·盖茨19岁，保罗·艾伦22岁。第二年，即1975年，艾伦离开了就职的霍尼韦尔国际公司，盖茨则从哈佛大学退学，两人在阿尔布开克组建起微软公司。

而史蒂夫·乔布斯和史蒂夫·沃兹尼亚克创立苹果公司并站在行业前列，也是在这个时期（两人于1976年成立苹果电脑公司）。而且，Sun Microsystems的斯科特·马可尼里、Oracle公司的拉里·埃里森和孙正义也是同时代的人。在单芯片微型计算机的最前沿，年轻的武士相继出现，而且年龄都在16 ~ 19岁。

---

1 中文是"牛郎星"的意思。

想象一下孙正义所崇敬的坂本龙马吧。在黑船来航[1]时，以龙马为首的维新志士面对时代的惊涛骇浪迎难而上，开创了明治维新的历史。而对孙正义和盖茨来说，黑船就是单芯片微型计算机带来的冲击。这可以说是历史的必然。数字信息革命席卷全球可以说正是源自这份激动。

1975年9月，孙正义升入圣名学院。这个男生从不半途而废。孙正义做的第一件事是买了一扇门。美式的门是一直通到天花板的大家伙。他来到家具店，想买一扇没有把手的大门。搬回房间，放在两张钢质柜子上，就做成了一张特大号的书桌。上面到处摆放着教科书、字典、参考书等，另外在三个地方装上灯，照亮桌子。伴随着呐喊，学习开始了。无论吃饭时还是洗澡时，他都不忘学习。就是泡在浴缸里的时候，他的眼睛也没离开过教科书。开车的时候他也坚持学习，把讲义录制到磁带里，用耳机收听。

等红绿灯的时候，“不能浪费时间”，他翻开了教科书。他把书放在操纵杆上，一边看书一边等。信号灯变绿，后方喇叭直响，孙正义慌慌张张地启动了车。

漫步校园时，孙正义的打扮也很古怪。肩背黄色背包，里面装着所有的教科书。棉裤也是自己动手改的。他在裤子上缝了个大口袋，里面插上15支笔，尺子乃至袖珍计算器也全都塞在里面。在两节课的间隙，伴随着他的跑动，咔嚓咔嚓的声音也是响个不停。

“那家伙在搞什么？”看到这个诡异的男生在校园内奔跑，人们也是十分诧异。由于与单芯片微型计算机的未知世界不期而遇，一位青年开始刻苦学习。

1975年9月30日，世界重量级拳王冠军赛在穆罕默德·阿里和乔·弗里萨之间展开。第14回合，伴随一记重拳，阿里击倒对手，获得胜利。

---

1 1853年，美国佩里将军率领4艘战舰以武力威逼日本打开国门，史称“黑船来航”。因船体为黑色且冒黑烟，黑船由此得名。

"I'm the greatest（我是最伟大的）！"

另一位伟人孙正义此刻则化身为"学习狂"。他就像超人一般不知疲倦，平均每天只睡3小时，最多也不超过5小时。"我全力以赴，所有的精力都投入到学习中去，丝毫不输给二宫尊德。"孙正义感慨道。

过去，日本小学在校园里或者别的地方一定会竖一座铜像，是一位少年一边身背柴火一边看书的形象。这位少年名叫二宫尊德，他后来成了日本无人不知的农业家。他虽然出身贫寒，却惜时如金、勤学不辍，这番形象同样也是青年孙正义的写照。在圣名学院考试前，孙正义染上了重感冒。病菌猖獗、高烧不退，人站不起来，也没有食欲。就在这样状态糟糕的时候，考试如期而至，然而孙正义的内心却有些欢欣鼓舞。

一般的学生对学校的考试多少心存畏惧，但孙正义却是喜不自胜。

优美同样身患感冒，见卧病在床的正义难受得直哼哼，日后的孙夫人那时想的是，正义剪短长发后看起来稳重了一些，但也有一点呆。孙正义最后的考试结果是全A，迄今为止的最好成绩。考试结束，病体仍未康复，高烧依旧，孙正义终于还是进了医院。医生给他做诊断时，神情明显不悦："你不知道自己病得有多重（serious illness）吗？"

孙正义的成绩出类拔萃，他和几位优秀学生一同接受校长的颁奖。这是他成为留学生以后第一件大快人心的喜事。

当时给孙正义颁奖的艾琳·伍德怀特事后回忆说："我们一直为孙先生感到自豪。"

圣名学院人称"小学院"，在这里学生可以接受广泛的教育。校训是荣誉（Honor）、高尚（Nobility）和勇气（Courage）。校徽继承了中世纪圣名女修道院的徽章，椭圆里画着十字架和百合花，象征着基督教和圣母玛利亚的圣名（Holy Names）。之前学院只招女生，在孙正义入学的四年前，即1971年才开始男女兼收。而到这时，已经接纳外国留学生了。1975年，该校学生有800人，平均每班15 ~ 20人。

社会变革的巨浪也波及了校园，就在孙正义即将入学之前，时代发生了翻天覆地的变化。虽然仍是校风严谨的教会学校，但连修女也脱下了修道服，改为平时的着装。由于校风的进一步开放，不为宗教所束缚，关爱学生的方针也相应出台。无论美国教师还是在校学生，都对文化差异予以理解，这很了不起。孙正义的后辈，20世纪90年代就学于圣名学院的川向正明说："这是一所好学校，氛围相当自由。各民族、各种族人口聚集，彼此都能和睦相处。"学校分经济学、历史学、政治学等15个专业，其中护理学最受日本留学生青睐。

已经走下讲坛的玛格丽特·卡库夫人于1975年至1976年间担任孙正义的会计学老师，她至今仍清楚地记得孙正义。周一、周三、周五的早晨8点，授课开始。孙正义脚踏橡胶凉鞋，身穿特制裤子，飞快地跳上108级台阶，冲进教室，他总能抢到最前排的位子。"他的眼睛闪闪发光，很显眼呢。"班上的20名学生来自日本、印度尼西亚、美国等不同国家，其中孙正义最引人注目。

孙正义在下课后仍缠着卡库老师不停提问的情形令她印象颇深。

"我想经商。"

卡库那时年纪过了35岁，但还没到40岁，只是一名兼职教师。看到这样令人过目难忘的学生，她也是大为惊讶。课堂上学到的东西一定要用到实践中去。孙正义的这种专注劲头给卡库留下了深刻的印象。这名学生的目标是什么呢?

"将来我想做游戏机的生意。"孙正义说道。

当然，卡库那时还不可能想到孙正义日后竟然点燃了游戏机销售的火种。（可以说，孙正义当时已经有了灵感。后来他从日本引进"太空入侵者"游戏机进行销售。）

校园某个咖啡厅前是留学生们放松心情的好去处。那里虽然有间小厨房，但是一直没怎么利用。孙正义和朋友们开始做起生意。“我想给学生们提供便宜、健康的夜宵，所以想借用下这个地方。”正义向大学事务局提出申请，并取得了许可。

散发传单，完成准备工作，敲定每天营业2小时。另外招收2名学生长期打工，连收拾和准备工作在内，每天工作4小时，每小时支付给他们2.5美元。小店布局井然，主打食品是炒面、炒粉以及馄饨汤等，价廉物美，味道也颇受好评。

虽然开业后反响热烈，但是孙正义也遇上了始料未及的麻烦——朋友向自己谎报了销售额，这对信任朋友的他来说震动不小。看来在金钱面前就算彼此是朋友也容易心生嫌隙。虽然“孙正义氏食堂”开张半年就关门大吉，但孙正义收获了不少经验。由此，他经营哲学中的一条原则应运而生：做生意一个人是不行的，但是，必须要慎重选择合伙人。

在来美国之前，孙正义已经抱定主意：有朝一日一定要干一番事业。学习也是，如果对经商毫无用处的话，那读书就失去意义了。高中时期，孙正义看了日本麦当劳经理藤田田写的《犹太人经商法》而深受感动，于是一个人从九州跑到了东京请求和藤田田见上一面。藤田田把这个莽撞的少年请进办公室，提议道：“我如果还年轻，才不会搞食品销售，而是去做和电脑相关的生意。”

来到美国，遭遇微型计算机带来的冲击，孙正义把藤田田的书又重新看了几遍。“积累财富是好事，金钱没有干净和肮脏之分。”藤田田断言道。通过这本书，孙正义挣脱了日本传统儒教伦理的束缚，打破了“敛财可耻”的固定思维。

孙正义不到两年就念完了圣名学院的课程，他的第一志愿是加利福尼亚大学伯克利分校，那也是他自高一夏天短期赴美留学以来一直朝思暮想的学校。所谓入学考试，其实就是要升到三年级。正义想读经济专业，就给经济系的秘书打去电话。

于是，教授们召开会议，正义如愿以偿地得到了允许入学的答复。之后，只要大学教务部的手续不出问题，就能合格入学了。虽然只有不到10%的圣名学院学生可以升入伯克利分校，但无论如何，他都想进入伯克利分校学习。1977年，正义顺利进入加利福尼亚大学伯克利分校经济系。同年，私交甚厚的优美也进了伯克利分校天文物理系。

此时，比尔·盖茨已从哈佛大学退学，在阿尔布开克创办起微软公司。

CHAPTER 3

第3章

第一桶金：语音翻译机的研发

加利福尼亚的阳光造就了香醇的葡萄酒，同时这里也是孕育天才的沃土。从旧金山穿过海湾大桥，很快就能到达对岸宽阔的伯克利大街，加利福尼亚大学伯克利分校就坐落在这条街上。学校于1868年成立，下设院系及专科学校共14个，聚集了来自100多个国家的学生，可以说是美国公立大学的代表。校园占地500公顷（500万平方米），风光明媚，可远眺旧金山湾。环境优美自不必说，连设备之完善也是日本所无法想象的。图书馆内各专业的藏书应有尽有，数量之多堪称世界第一。

美国大学林立，孙正义之所以选择伯克利大学，不仅因为它是世界上培育诺贝尔学者最多的名牌大学，也因为向往该校自由的风气。伯克利大学聚集了各种各样充满个性的人。如今距孙正义就读该校已过去了1/4个世纪，但校风犹存。笔者漫步校内时，看到一群穿着背心的女生坐在草坪上谈笑风生，还遇上了浑身是谜的男人，也是大吃了一惊。学校周围有一排排店面，出售香水以及款式很奇特的T恤衫，富有生活气息。和孙正义在同一年级的学生中也不乏风格奇特的男生。头的右半部分头发和胡须恣意生长，而左半部分却是“寸草不生”，连眉毛都剃得一干二净。但是，这人的数学成绩一直名列前茅，他还多次指出教授的错误：“这个公式错了。”虽然孙正义也指出过教材印刷及公式的错误，但对这人他也不得不服。

有时，他还会看到有男生打扮成蜘蛛侠的模样，从早到晚都趴在墙上。最让孙正义喜不自胜的就是学校的电脑了。在这里，各建筑都装了端口，24小时向学生开放，数百台电脑并排放着，场面蔚为壮观。孙正义彻彻底底利用了这套电脑系统。

孙正义尤其下苦功学习的课程是数学、物理、计算机，还有经济学，这四科的成绩全是A。A的名额仅限于班级人数的5%，虽然他的外语有所欠缺，但学分却比其他人都多。美国大学宽进严出，毕业率只有25%。学分不足或者成绩为C时，大学就会发出通告，强制学生退学。如此一来，要么退学，要么转到别的大学去。另外，学校对教授的评定也很严格。一到学期末就让学生匿名对教授展开“教授评价”（Teacher’s Evaluation），讲义准备得怎样、评分基准是否恰当等，总共50个问题，最低1分，最高7分。

评价的统计结果输入电脑，打印出来后由学生会发布。根据这些数据，学生就能仔细选择课程。如果授课讲义及考试出题水平不高，教授就会受到学生的批判。为此，有些教授因为听课学生寥寥无几而不得不离开学校。在美国大学里，学生是否认真学习，差别也很大。勤奋苦读的学生那股狂热劲头丝毫不逊色于孙正义。教授也认真授课，粉笔在黑板上飞驰，口中唾沫四溅。就这样，无论是教授还是学生都日复一日地奋战不懈。

自断脐带：用发明养活自己

在伯克利支撑着孙正义前进的，是女友优美。有一天，孙正义说了句让优美大吃一惊的话：“你不要再向家里要钱了，因为我自己也是这么打算的。”

这话实在出乎意料，优美不由得瞪大了眼睛，而且由此也能体会到孙正义想和自己结婚的强烈愿望。当时，他的表情很严肃：“我们俩结婚的话，我一定能养活全家。”

这话听着很冲动，孙正义真有这样的把握吗？他决定大学毕业后做个企业家开始闯荡，可毕业后马上就能开始吗？一般学生应该是做不到的。然而孙正义坚信自己可以。天底下会有做不到的事吗？只是在学校的时候必须得准备起来了。而且，还必须自己去挣生活费，严酷的现实迫在眉睫。

来到美国前，父亲三宪就已患病住院。此后父亲病情如何、家人生活得怎样，他都无暇过问。眼下还在伯克利大学念书，前途未卜，这个时候要家里停止汇款，这样能生活下去吗？何况，他可是下定决心绝不打工的。当时，孙家每月给正义寄20万日元，这对家人来说是相当大的一笔负担。

他想，每天允许自己有5分钟，只有5分钟的时间不用学习。只是这么点时间，没必要给自己找借口。

习惯了伯克利的生活，他在大学也是游刃有余了。这时孙正义考虑的事非常了不起：有没有这样的工作，每天只要工作5分钟，一个月能就挣1 000多万日元呢？“It’s foolish.（你是傻瓜吗？）”朋友们都这样笑话他。

奥克兰充斥着酒精和麻药，旧金山犯罪多发也是众所周知。为了挣钱铤而走险的活儿也许是有，但这并不是孙正义的兴趣所在。说到赴美日本留学生的兼职工作，无非是扫大街、给餐厅洗盘子等体力活儿，要不就给游客做向导什么的。体力劳动的话，不管多么拼命，终究是有极限的。所以，只有从事脑力劳动才能创造无穷的财富。

话虽这么说，但孙正义那时既无资本也没门路。只有一个办法，那就是研制发明、出售专利。被誉为“经营之神”的松下幸之助是孙正义所崇敬的人物。松下先生就是从小工厂做起，凭借二通插口和自行车车灯两项发明起步，日后终于成为世界电器之王。“既然有这样的先例，好吧，那我也去搞发明吧。”虽然这个想法确实匪夷所思，但是除此以外别无他法，也没什么好犹豫的，孙正义立即展开行动。

不愧是伯克利，大街上有好几家像模像样的书店，不仅如此，每年优秀学生毕业甩卖旧书时，二手书店里也是堆积如山。孙正义转遍了大街，买了许多和专利相关的书籍。当然，他此前并没有从事创造发明的经验。怎样的发明才能获取专利、得到认可，了解了要领，总算就要开始实践了。

“从今天开始，我要达成指标。”对他来说，这不完全是开玩笑，至少也是有望实现的一项人生规划。即便是发明大王爱迪生，他能每天想出一个发明吗？如果我能做到这点，这简直就是奇迹了。孙正义把日记本改成发明笔记（又叫灵感银行），用英语详细记录了250多项发明。虽然没有实现每天一个发明的目标，但是从中也诞生了了不起的发明。

“一年之内就能想出这么多，也让我信心大增了。”

给廉价的闹钟设好5分钟的报时提醒，催生的发明都像孙正义一样与众不同。

孙正义注意到，发明有三大方法。第一是问题解决法，即遇到难题或者困难的时候将它们一一解决的方法。举例来说，截面是圆形的铅笔放在桌子上会滚落下来。因此我们就会想：“铅笔会滚动，这可真麻烦。”于是就导出对策：“为了防止铅笔滚动，把截面削成方形或者六角形。”通过这个方法，发现问题，用三段论进行思考，得出对策。孙正义连上厕所的时候也在思考，坐便器又冷又不干净，他从常吃的汉堡中得到灵感，利用装汉堡的聚苯乙烯泡沫发明出用于坐便器的坐垫，该项发明至今仍令人津津乐道。但是，对于一个想和整个世界做生意的人来说，这个发明该如何评价呢？他不禁陷入了沉思。

换言之，这第一类即“必要性是发明之母”。

第二是逆向思考。即反过来思考，试着改变传统思维，把圆改成方、红变成白、大换成小。孙正义发明的新型信号机就是此类的运用。难道用颜色显示的信号就不能用形状来表示吗？因此，他把颜色信号用“○□△”表示，这样连色弱人士也能一目了然了。

第三是组合法。组合已有事物，就像收音机加上录音机就变成收录机一样。孙正义在美国孜孜以求，得出大量发明，主要靠的是这第三种方法。这个方法最能系统性地展开研究发明。

孙正义真是如鱼得水，或者说他就是当今实业界开始觉醒的巨无霸？而年纪轻轻的发明大王孙正义终于研制出了一项伟大发明。

19岁——正是青春洋溢、风华正茂之时。大部分学生日复一日地忙着学习、运动和约会，然而在人生的旅途中，19岁究竟意味着什么呢？大三学生孙正义有着常人所难以理解的信念，那就是“人生50年的规划”。无论如何，“20多岁的时候，正是开创事业、扬名立业的大好时光。”如果只有这些内容，我们还可以说这不过是年轻人的野心。但是，他接下来的话令人震惊：“30多岁的时候，至少要赚到1 000亿日元。”很骇人听闻吧？然而还不止这些：“40来岁的时候，一决胜负。为了干出一番大事业，开始出击……”“50多岁的时候，成就大业；60多岁的时候，交棒给下一任管理者。”这就是一个19岁少年的人生规划，这番洋溢着青春的构想见解非凡，堪称史无前例。

孙正义也很清楚为了这个目标他眼下必须做些什么：“每天想出一个发明。”令人惊叹的是，孙正义居然将它付诸实践，并且通过组合法找到了伟大发明。他冥思苦想，在英语单词卡上随机写下各类名词，如“橘子”“钉子”“记忆”等，总共写了300张左右。然后就像打牌一样洗牌，随意抽出三张。将这三个名词组合在一起，很可能就会诞生一件新的商品。

把乍看完全没有关联的事物组合起来，往往可以产生奇妙的联想。19世纪的时候，与诗人兰博齐名的另一位诗人洛特雷阿蒙就是从缝纫机和伞这样毫不相干的组合获得灵感，超现实主义运动由此兴起。刚开始的时候，孙正义一边洗牌一边构思。然后他想，为了更加系统地展开联想，借助电脑不是更好吗？有了电脑，设计发明就会更有效率，也更容易。

组合和筛选：电脑编程找最佳发明创意

所谓好马日行千里，但如果骑手本领平平，结果会是怎样？为了让千里马展现出日行千里的实力，骑手也必须具备高超的技艺。孙正义钻进了大学24小时开放的计算机房，埋头研究起来。在机房里，学生可以相互讨论问题、交换信息。饿了就吃些牛奶和面包，困了就躺在睡袋里休息一下。孙正义的思考方法也很奇特，在他手中，电脑并不是计算器，而是一台“进行创造”的机器。

首先进行编程，对每个部分进行打分：新颖指数以10分为满分，大小则以5分为满分，自己对该部分的知识掌握以30分为满分。另外，还考虑到该发明是否容易等，他总共向电脑输入了40来个评分选项。教授对此大为惊讶：“像这样创造性地使用电脑的学生，他还是第一个。”孙正义把这个程序作为电脑课的自由作业上交，教授给出了A^{++}的评价。

从300个词语中选出3个，这样总共有几百万种组合。把它们经电脑打分后，按照从高到低的顺序排列。正因为孙正义熟悉电脑这匹千里马，所以这个方法从一开始就是可行的，而且时间也不会超过5分钟。他每天只有5分钟的时间来研究发明，眼睛也只能盯着得分高的组合了。

“哦？好像挺有意思。”

感兴趣的创意也就蹦了出来，毕竟这是他通过自身判断以及个人喜好，根据可能性高、条件便利的顺序排列筛选出来的。功夫不负有心人，这些创意也是越来越有意思，而孙正义依然不失独特的判断：“从中选择一组串联起来吧。”

最后，他从250个创意中选出了“语音电子翻译机”，它由语音合成、字典和液晶显示三个要素组合而成。后来夏普买下该专利并开发出商品，这就是掌上电脑的雏形。

1978年，比尔·盖茨的微软BASIC登陆日本，拉开了计算机时代的大幕。

差不多与此同时，加利福尼亚大学伯克利分校的学生孙正义也在构思世界上第一台语音电子翻译机，即全键盘笔记本电脑。然而，如果让他自己来制作这台试验机的话，光让计算机发出语音就要花上10到20年，那“人生50年规划”可就泡汤了呀。“我怎么说也是个企业家吧。”那有什么好办法吗？比起凡事都要自己亲力亲为，把各领域的领军人物集中到自己麾下效率更高。

人生短暂，所以要有效利用时间。孙正义立即展开行动，他首先找来了大学研究人员的名单，然后抓起King Student Union（学生中心）的电话，给物理学以及计算机学的教授和助手打电话。说到语音合成，他们都不约而同地提起了一个人的名字。孙正义直奔伯克利附属研究院中相当有名的宇宙科学研究所，找到了语音合成领域的世界级权威——莫泽尔博士。

从伯克利校园缓缓走上斜坡，有一座树木环抱的小山，常常作为学生竞走比赛的赛道，而宇宙科学研究所也设在这里。“打搅了。”身穿灯芯绒西装夹克、打着领带的青年神情紧张地敲了敲研究室的门。

莫泽尔博士双手飞快地敲着键盘，回头冲着门口喊了声：“请进。”虽然没有事先预约，性格爽快的莫泽尔博士仍示意学生进来。这位英文名叫

Jung的学生介绍了自己的发明——语音电子翻译机，他英语流利，满怀激情地说想首先研制出可以翻译九国语言的翻译机，然后再加上语音合成功能。

莫泽尔博士为孙正义今日的成就感到高兴，他半开玩笑地告诉笔者，把研究所改叫“孙正义大楼”也可以。

“就这个创意本身来说，没有什么让人耳目一新的地方。但是，他说想把翻译机卖给机场、地铁入口处这些地方，这个想法倒是很特别。”

莫泽尔博士当时48岁，已是世界级权威，聆听着这名学生的宏伟计划，对孙正义的异想天开也是惊讶不已。

“你的想法很难得，但是……”莫泽尔原本就已经忙得不可开交了。

孙正义的额头已是大汗淋漓，领带因为戴不习惯也被捏在了手里，但他仍不放弃说明：“我想采用教授您的语音合成系统，所以需要您的帮助。”莫泽尔博士侧耳倾听，聚精会神。

眼下缺钱、计件付酬、事成之后再付款，即便如此，还是希望教授能施以援手。将研制成功的试验机卖给企业，签约之后就有钱支付报酬了。孙正义的提议太不合常理，莫泽尔博士会因此望而却步吗？答案是否定的。眼前的少年虽然一窍不通，但是饱含热情，这个世界知名的学者决定在他的身上赌上一次。倘若孙正义那时找的人不是莫泽尔博士，那么他的人生也许会有很大的改变。

孙正义病毒：感染每一个接触到的人

“那客人简直是无理取闹……”年轻的白人服务生跑到陆弘亮身边，哭丧着脸向这位经理诉苦。此前还从没有遇上这样的刁难。

奥克兰是与伯克利相邻的中小城市。过去治安状况不好，最近却成为商业中心，发展迅速。从旧金山到奥克兰，坐高铁只需10分钟。为了缓解海湾区域交通高峰的压力，1974年政府新建了5条高铁，通过海底隧道连接旧金山和对岸的东海湾。

奥克兰有家人气颇高的冰淇淋店，名字却极其平凡，叫作“冰淇淋玛丽”。它由伯克利大学毕业的吉姆·布拉德利于1971年在奥克兰湖畔设立，当时只有22张桌子，可以容纳100位客人。除了冰淇淋，菜单上还有俱乐部三明治[1]等。这里是年轻人的休闲场所，周末会营业到凌晨1点。

陆也是在伯克利念书的穷学生，他从洗盘子干起，当时已经做到夜班经理（现在这家店已经改换门庭，但是冰淇淋的味道依旧延续）。“那客人说，如果做不出自己想要的味道，他就不付钱。”陆弘亮身高187厘米，身强体壮。有顾客对本店的冰淇淋有所不满，他怎能坐视不理？

“那是怎样的人？”

“说着日语，像是日本人……”

听到日语，陆顿时兴趣大增。他在大学里没遇上过日本人，而奥克兰会有这么说话的日本人吗？冰淇淋店每天的客流量也有3 000人，但这样的要求还是前所未闻。他不禁怒上心头，是最近刚来美国西海岸的日本游客在信口开河、胡乱下单吗？但毕竟是服务行业，再说这可是奥克兰备受好评的美味冰淇淋。出于本店经理的尊严，陆也深信，无论多么无理的要求他都能立马摆平。

有意思，这感觉像是被人下了战书。那位年轻的顾客，一看就长着东方人的面孔。所谓的要求就是：“希望能做出稠稠的奶昔。”

“明白了，我会做出您所期待的奶昔。倘若不合口味，那不付钱也没关系，只是从今往后也谢绝大驾光临了。”

按照要求，陆小心翼翼地做出了奶昔，然后让服务生端给客人。顾客把奶昔送到嘴边，陆也是目不转睛，连对方脸上细微的变化都看在眼里。人高马大、打着领带、系着围裙的陆弯下腰，用日语毕恭毕敬地问道：“您觉得味道如何？”

---

1 北美非常传统的三明治，口感清淡，量大分足。

“哎呀，很好吃呢。”

那人——孙正义微微笑道，坐在身旁的女友优美则报以歉意的笑容。陆后来成为孙正义的商业合作伙伴，这是两人的初次相识，自那以后，两人的友情一直维持至今。

陆弘亮1954年11月3日生于中国台北，高中时曾是名噪一时的快速球投手。他曾是UTStarcom（UT斯达康）的董事长，该公司在美国和中国都备受瞩目。对陆来说，会说日语的人具有特殊的意义。他的母亲是在日本出生的华侨，陆虽然生于中国台湾，但6岁的时候就随着父母来到日本，所以，他的日语当然和中文一样流利。在东京都立城南高校毕业后，他通过旧金山的亲戚来到美国，进入名校伯克利大学的土木工程专业，可以说也是一位来美国寻梦的青年。由于在日本接受教育，他的日语无可挑剔，但是到了美国之后，英语就成了短板，这点他和日本人也没什么两样。为此，陆痛下苦功，再也不说一句日语。何况进了伯克利大学后就没遇上过日本人。直到在打工的冰淇淋店和孙正义相遇，他还是赴美之后第一次说日语。

几个月后，伯克利校园。一个人背着包、穿着橡胶凉鞋，一边看书一边穿过人群。错不了，就是他！陆不由得喊道：“咦？是你……”

“啊，你是冰淇淋店的经理？”

彼此重新自我介绍了一番。

“你也是这里的学生？”

“这么说你也是？”

几句日语交流下来，陆得知自己比孙正义高了两届，而且同为伯克利的学生，两人又增添了一分亲近感。从那以后，孙正义常常带着女友优美光顾陆的冰淇淋店。

1977年年末，孙正义来到冰淇淋店问陆说：“想不想和我一起干？”

“你说什么？”

“我有个不错的想法，我想创业。”

“啊？”陆怀疑自己听错了。

陆一直半工半读，挣点学费和生活费，只想毕业的时候应聘一家一流企业。伯克利大学的土木工程专业可谓全美第一，毕业生不愁找不到工作。而当时孙正义还是个学生，竟然说想创业。

陆没有马上回答，倒不如说，他不敢相信孙正义会说出这样荒谬至极的话来。

这人可真是胆大妄为，若无其事地说一起创业。这么说的话，他也许是要和我一起开冰淇淋店吧。

但是孙正义的话语不比寻常，具有打动人心的魔力，而且一听就知道他志向远大。

但是，孙正义比自己小，而且还在念书。

“不想做他的手下，这样可不好啊。”

陆有些迷惑，孙正义说的是他想都不敢想的事情。

“这想法还真是新鲜啊。”

他说是有望获胜的事业。

“这人不是在说谎吧？”

几次听下来，陆渐渐改变了主意，此前的想法也来了个180度的大转弯。他对孙正义的热情以及新奇的创想大有兴趣，反正就算上当受骗也可以从头再来。

最重要的是，陆和孙正义有两年之差，他即将毕业。

碰壁商界：干什么都要先搞懂规则

孙正义有生以来成立的第一家公司名叫M Speech System Inc，M是弗里斯特·莫泽尔博士姓的首字母。莫泽尔博士和陆弘亮自不必说，参加这个项目的其他人也都比孙正义年长。以世界语音合成领域的权威莫泽尔博士为中心，孙正义组建起项目团队，开始着手研制具备语音合成功能的电子翻译机。单是如此，陆也能切身感受到这个团队有多么了不起。

孙正义想干一番大事业，通过创造发明申请专利，从而获得资金。陆被孙正义滔滔不绝描述的梦想所吸引。不，这不是梦，孙正义的理想能变成现实。因为胸有成竹，所以他才想去创业。好，就赌一赌他的人生吧。

孙正义给他开的待遇是年薪2万美元（约500万日元），基本上就是当时应届毕业生第一份工作的待遇。

“话说回来，你付得起钱吗？”

孙正义满面笑容，昂首挺胸，然后点了点头。

第一次团队会议，孙正义是借用位于奥克兰惠特莫尔大街的公寓召开的。他就像绘画似的勾画着公司的结构图，然后用日语写下陆的职位——“杂务”。

“什么是杂务？”陆问道。

“就是什么活都要你干。”孙正义不假思索地答道。

陆只是听孙正义描述了宏伟计划，而且孙正义要他构思三年后的计划。想不到孙正义会有这样的要求，但陆做什么事都很认真，于是他全力以赴地思考三年后的计划。政治走向难以预测，连翻译机是否成功也还不确定。

陆回忆当时的情景，苦笑着说：“我可是拼命去想三年后的计划，毕竟这是工作嘛。只是，内容已经忘得一干二净了。”

这应该就是把握未来的首次尝试。从那天开始，陆开始去孙正义住的公寓。渐渐地，他也开始不安起来：孙正义真的付得起月薪吗？

孙正义开始神出鬼没了。

大学上课自不必说，趁着学习的间歇，他与莫泽尔博士碰头、马不停蹄地和团队成员开会。在他的行动以及热情的驱使下，项目逐渐发展起来。

如果不能和孙正义碰头，身为“杂务”的陆也没法跟上项目的进度。于是某一天，他在不经意间向孙正义建议说把自己的家作为办公室。那时，陆半工半读，省吃俭用，在奥克兰的蒂尤利普大街买了一套别墅。首付8 000美元，这可不是一笔小数目，是向银行贷款才买的房。陆也是个踏踏实实做事、善于随机应变的人。他把闲置的房间出租，租金用来还贷，而起居室就作为公司的办公室。

陆的家距伯克利大学有20分钟的车程，大小120平方米，总共三间房间，虽然不大，倒也精致。起居室就简单地摆了沙发和一张咖啡桌，完全称不上是正经公司的办公室，但作为有志青年的聚会场所倒也没什么不足。

第一次发工资的时候，孙正义给陆的不是现金，而是一张1 800美元的支票。

“啊！”陆不禁大叫一声。

然而支票竟然被拒付了。

在美国，相比用现金或银行汇款支付工资来说，用支票更为常见。把支票拿到银行，如果账户金额不足时银行会拒绝兑现，这就是拒付。

孙正义开的支票不能用，一般来说大家都会想，怎么能这样捉弄人呢？但是，明知不能兑现还开出支票，孙正义不是这样的人，这与其说是陆对孙正义的了解，倒不如说是他对此深信不疑。然而，第二次发工资的时候，依然是拒付。

竟然接连两次拒付，陆不由得苦笑。孙正义四处奔走的身影浮现在眼前，恐怕连他自己也没去留意户头还有多少余额吧？这当然不是上当受骗，他对孙正义重新萌生了一种说不出来的敬畏之心。而且，从那以后孙正义也再没有拖欠过工资。

孙正义对小数字并不在意，所以有的时候账户没钱而发不出工资。那时，他虽然很善于把握大数字，但并没有把小钱放在眼里，在他看来1 800美元和180美元没什么两样。这种与众不同的思维方式直到今天也没有改变多少。他原本就没有随身携带钱包的习惯，有的时候还是身无分文地走出家门，在大街上闲庭信步。

当时，带语音合成功能的电子翻译机尚未完成。把语音合成器作为单体零件，首先获得在日本的独家销售权，由此孙正义迈出了实践的第一步。

只要导入语音合成，比如说在客人出入时响起“欢迎光临”“多谢光顾”的声音，就能有助于增强客户的信任感，提升商店的档次。而且，也没必要像以往那样一个个切换磁带声音了。莫泽尔博士和签订许可的National Semiconduct公司一交流，没想到马上就获得了销售许可。

旧金山有一条日本移民会聚而成的日本人街。陆冲进日本人街，把资料翻译成日语后发往各大日企：“现有语音合成器装有芯片（集成回路），是否可以和我们签约，一手交钱，一手交芯片？”回音很快传来，二三十家大型制造厂纷纷前来咨询，从200美元到300美元的芯片都有，一时间供不应求。反响远远超过预期，孙正义也是心情大好。

“签约吧。”陆说道。

“我要去日本。”孙正义很快就飞往日本。不要犹豫不决，想到立马去做，这是他一贯的准则。

这趟出行没三四个星期还回不来，陆不由得惨叫。没办法，孙正义不在的时候陆还得代他去听课。对孙来说，陆就是他的刎颈之交。（果然我的眼光没错，完全信任孙正义是对的。）

虽然刚开始有些磕磕绊绊，M Speech System Inc还是飞快地运转起来。但是新的考验很快接踵而来，而且还是栽在了意想不到的地方。National Semiconduct后悔把销售权转给孙正义了，他们发出通告说：“没有本公司下属日本企业National Semiconduct Japan的许可，不得进行销售。”

这招真是阴险毒辣，摆明就是要封杀孙正义等人的行动。孙正义对商界还很陌生，对签合同并不了解，所以被对手钻了空子。身为学生，他对商业圈知之甚少，也不知道其中藏有多少老奸巨猾之人。虽然孙正义向National Semiconduct Japan强调了签约的合法性，双方依然各执一词。孙正义尽管获得了独家销售权，但实际并没有正式签约。

最终双方仍然无法达成共识，孙正义很少见地以严厉的口吻说道：“随他们去吧。”

语音合成器的销售就此终止，孙正义重新认识到了签约的重要性。

如此一来，完成语音电子翻译机就变得迫在眉睫了。

研发外包：集结资源才是企业家最应该干的事情

遭受了挫折之后，有人会就此收手，也有人并不放弃。此时，孙正义决定在语音电子翻译机上搏一下。经莫泽尔博士大力推荐，加之对孙正义的创意颇有兴趣，切克·卡尔森也加入到项目团队中来。

切克也是UC伯克利分校的教授，在阿波罗飞船首次搭载微型计算机的时候，他就参与该项目并设计硬件。在了解了孙正义的创意后，他用了4个月的时间开发出硬件。

那时的语音合成器还很庞大，搬运十分不便。孙正义的基本设想是，把它改成小巧便携的式样，而且可以在机场等许多地方使用。

“这一点很特别，Jung（孙正义）确实很擅长销售。”

切克亲自设计硬件，软件则由弗兰克·哈维负责。在切克完成工作、退出项目组后，孙正义还常常去他家拜访。切克走后，技术员亨利·希特达克斯接手他的工作。亨利当时每小时可挣50美元，对于孙正义今日的成功他也是又惊又喜。

1978年9月23日正午，孙正义驾驶着半新不旧的保时捷914急急奔赴宇宙科学研究所。他找到莫泽尔博士，莫泽尔博士则笑容柔和，指了指隔壁的房间，切克在那里专心致志地组装着机器。

已经比计划的时间晚了，孙正义特意赶到研究所，他希望今天无论如何都要完成德语翻译的试验机。他大声地和切克打了个招呼。

“一切顺利，机器能动。”切克按了下试验机黑色机箱的按键。

“Good Morning.”

首先液晶屏显示的是英语。然后按下“翻译”键，画面从英语切换到德语。

“Guten Morgen.”机器发出了德语的声音。

孙正义一跃而起：“太棒了！”

他拍了拍切克的肩膀，这真是值得纪念的一天。然而，另一件事本应更有理由让这一天成为纪念日。孙正义高声宣布，他要和优美举行婚礼。两人约好下午2点会合，一看表，时间早已超过多时了。

优美性格温柔，却也有坚强的一面，她生于火焰之国[1]熊本县。在法院门口，优美从下午2点开始一直在等着孙正义。

1978年9月，加利福尼亚秋色正浓，空中落叶飞舞，广阔的丘陵地带也是一片“霜叶红于二月花”的景致。

孙正义开足马力，爱车保时捷914的引擎也是轰鸣不绝。下了坡后到利姆体育场右转，穿过校园北门，直奔市区的法院，途中连闯了几个红灯。

优美则是忐忑不安，是堵车吗？或者出了什么意外？

虽然驱车到达伯克利法院只要15分钟，但这一路的感觉在孙正义看来足有一两个小时那么漫长。

在美国，地区法官除了宣判违章停车这样的轻罪，也负责办理结婚手续。虽然各法院有所区别，但秉公处理正是美国思想的根本。

法院门口停车又费了不少周折（笔者造访时也为寻找停车的地方而花了不少时间）。

真不愧是孙正义，只有到了这个时候才会手忙脚乱。

看到他姗姗来迟，优美总算松了一口气，然后也是怒气上涌。今天对他俩来说可是特殊的日子。

---

1 熊本县被称为火焰之国，原因有三：一是县内有当今世界上最大的重叠式活火山——阿苏山。二是到了秋天的晚上会有神秘火光出现在八代海(有明海)上。据科学家解释为渔火形成的海市蜃楼。三是相传崇神天皇时夜空突生火焰并徐徐降到八代郡白发山上燃烧，天皇将此地名为“火国”。

“到底是怎么回事？”

优美心情复杂，一方面看到孙正义平安无事总算如释重负，另一方面想到他在特殊的日子里还会迟到也是勃然大怒。

孙正义低头赔罪：“对不起，对不起啊。”

试验机大功告成可喜可贺，不知不觉他也忘了时间。优美虽然目瞪口呆，但也没有再责备他。对她来说，这早已是司空见惯，没什么大惊小怪的。孙正义一旦专注在某样事物上就会完全忘我，学习的时候也是聚精会神，旁人都不敢靠近。有的时候，孙正义一边走路一边思考，因为太过专注甚至一头撞上了电线杆。

这样的专心致志不同寻常。孙正义每天只有5分钟用来研究创造发明，正是凭借这份专心致志，他充分利用时间并取得了成果。比尔·盖茨也是个专注于思考的人，一旦他开始考虑某事，身体就会微微晃动起来。也许天才的思维方式就是不同于常人，或者，反过来说，这就是天才与常人的区别之处吧。对于孙正义的性格，优美比谁都了解。

时间已经过了下午5点，法院的大门都已锁上。

“开门！”孙正义大声叫着。

不知从哪里钻出一名五大三粗的黑人保安，腰间别着一把手枪。

“今天我想在这里登记结婚，能让我见一见法官吗？”孙正义拼命请求着。

“法官早就回去了，下次再来吧。”

孙正义大失所望，连连向优美道歉：“对不起，对不起。”

孙正义预定一周后即9月30日下午3点登记结婚。那天，在走进大学附属宇宙科学研究所前，他看了看手表，对自己说：“今天可绝不能迟到了。”

翻译机的试验机已经完成，但是孙正义并未就此满足。为了把它做成商品、向全球推广，还需要进行哪些改进呢？团队成员对此展开了激烈的讨论。等他回过神来的时候，已经过了下午3点了。

无论如何，今天优美都不会原谅我了吧？

优美站在法院门口："你一旦投入的话，所有事情都忘得一干二净了吧？"

孙正义和优美走进法院，他对接待处的女士说："虽然时间不早了，不过能让我见一见法官吗？"

那人哑口无言，无论怎样的情侣都不会误了结婚宣誓的呀。但是，这对已经迟到两回了，对法官失信可不能等闲视之。然而，也是被孙正义坚持不懈的那股认真劲所感动，她走进房内询问法官。

孙正义惴惴不安地环视四周，视线和一周前态度冷淡的保安相遇，于是报以一笑，对方也似乎记得他苦苦哀求的样子。

接待处的女士回来说："法官似乎原谅你们的迟到了。"

孙正义和优美一边打量着各个房间，一边走上了法院二楼。身穿法袍的法官在一间类似小法庭的房间内坐着，看了看两人，问道："你们的结婚证人呢？"

"哎？"孙正义没听懂他的意思。

现场需要有两个结婚见证人，同时他们还要在宣誓书上签名。没想到竟会横生枝节，只怪自己之前对美国结婚的手续一无所知。事到如今，把陆弘亮叫来也来不及了。

孙正义不慌不忙地说："请稍等片刻，我马上就把证人带来。"

走出房间，他找到黑人保安："你能帮我个忙吗？我想请你做我们婚礼的见证人。"

保安欣然同意，然后孙正义又拜托接待处的女士。

"行啊。"她也爽快地答应了，不愧是性格直爽的美国人。

法官宣读结婚宣誓书的内容，孙正义和优美举起右手宣誓。木槌重重敲下，法官为两人送上祝福，黑人保安和接待处的白人女士也纷纷表示祝贺。走出法院，孙正义和优美兴高采烈，心底也是激动不已。

在圣名学院初次相遇到充实的大学生活，优美一直在背后默默支持着他。从今开始，两人结为夫妇、共同生活，想到这里优美不禁热泪盈眶。

两人坐上保时捷914。

“我们去度蜜月吧。”

“去哪儿呢？”孙正义笑着问。

车子飞奔，加利福尼亚凉爽的轻风也是迎面扑来，令人心旷神怡，孙正义就想像这样任意驰骋。

载着他和新婚妻子优美，车子穿过了海湾大桥，两人一边望着右手边旧金山的风景，一边从高速公路101向南驶去。穿过硅谷，走17号线，再穿过圣克鲁斯，沿1号线PCH（Pacific Coast Highway）往南走。PCH是美国西海岸最美的海岸线，海天连绵不绝。迎风奔驰，两人也是心情大好。优美的笑容真美，她左手的无名指上戒指闪闪发光，那是孙正义的祖母送的。那一年，孙正义21岁，优美23岁。

夏普合约：谈出来100万美金

在和优美结婚的前一年，即1977年的夏天，孙正义曾给日本50家家电生产企业写了一封信，主旨是介绍语音电子翻译机，之后有10家企业发来回音，其中有佳能、欧姆龙、卡西欧、松下电器产业（如今的Panasonic）、夏普等。

利用大学暑假，孙正义和莫泽尔博士一起回到了日本。孙正义的弟弟泰藏那时还没念小学，但是当时的情形他至今难忘。在家人面前，孙正义和莫泽尔博士一起演示了试验机，即语音电子翻译机的雏形。

“哥哥对着机器输入‘你好’，然后就蹦出一句‘Hello’，真是出人意料，大家都吃了一惊，连父亲也是。”

把试验机包好，从九州直奔东京，孙正义的手也是不住地颤抖。他对自己深信不疑。孙正义发明的是世界上第一台语音电子翻译机，它能进行日语和英语的双向翻译。虽然还不能制成商品，但不管怎么说都是崭新的发明。但是，孙正义的试验机是否实用还不得而知。为了保证实用，这就要求对方企业首先必须具备使机器更小、更轻、更廉价的技术。

当时在电子计算器领域，夏普和卡西欧的技术要优于索尼和松下。孙正义对这两家企业寄予厚望，深信可以梦想成真。他的首选是夏普。夏普是日本最早研发电子计算器的企业，当然也是电子技术的先驱，所以孙正义对夏普抱了很大希望。但是问题也来了，他真能说服夏普吗？

孙正义有一套属于自己的谈判哲学，然而，和大企业交涉、让对方认可自己的发明，需要和形形色色的人打交道。对孙正义来说这毕竟是头一回，他难免也有些忐忑不安。他素来行事大胆，但事到如今也极其细心。对方一下子会问些什么问题？如果从一开始就没什么要问的，那又该怎么回绝？这些都需要考虑周全、研究对策，结果他只是稍微热了下身就直接上阵了。

前两个公司反应也差不多："如果样子再好看一点，或许还能考虑一下吧。"虽然早有思想准备，但事到如今连孙正义也有些气馁。第三家还是孙正义印象很好的企业，结果对方一副趾高气扬的模样，他大失所望，也记住了那一丝轻蔑。"就那种公司能明白我这项发明好在哪儿吗？"

第四家是佳能，在看到以莫泽尔博士为中心的团队成员后他们表示了信任，而在看了试验机后更是兴趣大增。再下一家就是两大目标之一的卡西欧。接待孙正义的课长和课长代理否决了他的发明。（我对这家公司的信任难道是错的吗？）孙正义迅速克制住了自己，绝不能在这里怒不可遏，不管身处怎样的困境，生气只会一无所得。但是，那时的孙正义也不得不品尝失望的苦涩。事后他向笔者感叹说："真没想到，那可是卡西欧啊。课长态度相当冷淡，把我的东西批得一文不值。"从那以后，他再没去过卡西欧。

第二天，孙正义来到了位于大阪阿倍野区的夏普机器事业部。几名员工找来了部长，孙正义虽然紧张但还是泰然自若地打开试验机的包裹。部长说了句："如果能做成产品的话，还是可行的吧。"真是一语中的，孙正义一时无言以对。能不能做成产品，现在还是个未知数。正因为这样，他现在才会探索实现的可能性。

不过，毕竟不像其他公司那样轻易否决，只要多次沟通，对方就会理解我们的想法，再过一段时间他们就会明白的。

孙正义陷于进退两难的境地。他还是一名在校学生，逃了课跑到日本，不知不觉间学分已经落下，之前的努力也都一无所获。来到日本是在和时间赛跑，当然这点他是不能向对方明说的。然而，还有商谈的余地。接下来孙正义的行动很符合他的风格，这也是他日后管理哲学的核心思想。“射人先射马”这句话说明，掌控目标周围的事物是达成目标的捷径，一般的日本人基本会照这个方法向目标挺进。但是，青年却打算直接“射人”。

孙正义在公共电话亭给大阪律师协会打电话，希望对方能介绍一家熟悉夏普的专利事务所给他。孙正义打了好几个电话，找了许多人，总算时来运转。有人向他推荐西田律师，该律师任职的西田律师事务所从属于夏普专利部。

孙正义立刻直奔事务所，向西田律师咨询语音翻译机的专利价值，同时希望他能引见一下夏普的关键人物。

“和谁谈比较好呢？”面对孙正义的单刀直入，西田想到了佐佐木正专务的名字，他是当时夏普的技术总部长。

“你能给他打个电话说‘一定要见一见我’吗？”

佐佐木正时任夏普中央研究所所长，负责监督电子计算器、液晶显示器、太阳能电池等产品的研发工作。他被誉为“日本电子产业之父”，是了不起的大人物。而对孙正义来说，佐佐木正可是人生的“大恩人”之一。

孙正义的策略很成功，西田刚刚认可了翻译机的专利价值，对于孙正义的提议自然没有拒绝的理由。“佐佐木正专务说可以见你。”孙正义暗自欣喜，但是他没有丧失冷静，依然不忘委托西田办理翻译机专利申请手续。

总算遇上能理解自己创意的人了，而且，明天终于可以见到佐佐木正专务了。一跑回旅馆，孙正义立刻给老家的父亲三宪打去电话：“我要去见夏普的佐佐木正先生。”对那时的孙正义来说，佐佐木正像天上的白云一样高不可攀。

“我也和你一起去，好吗？”父亲的声音也满怀喜悦。

孙正义兴奋得直颤抖："好是好，不过就最开始的时候寒暄几句，行不？"

第二天，三宪从九州来到大阪，父子俩一起走向位于奈良县天理市的夏普中央研究所。"这是犬子的发明。"三宪曾开过弹子房，经营有道，说话善于迎合对方。面对佐佐木正，他们从一开始就坦诚相见。

正义小心翼翼地打开包裹。他开始说明时，佐佐木正的神情一下子变了。佐佐木正看到了这台机器的巨大前景，也许他也预见到了孙正义的远大前程。

佐佐木正顿时目光尖锐："有意思！"他熟悉计算机软件，看出这个创意具有划时代的意义，而且正义也说明了追加改进的必要性。年过花甲的佐佐木正发现，正义外表虽然青涩，但内心意志坚强，具备同龄人所未有的、扎扎实实的思考能力。

年轻人认真的表情、坚定的目光至今仍令佐佐木正难忘。"他之前去别的公司推销失败，所以刚到我这边的时候还是一副无精打采的样子。但是开始介绍试验机的时候，他的表情一下子就变了。他有自己的信念，我知道，他并不是为了钱才来的。"

佐佐木正认为，这样的年轻人世所罕见，必须大力栽培。青年时期"心怀梦想是开发新产品的第一步"，佐佐木正对此深信不疑，而正义就是这样的有志青年。虽然他还是个学生，但是对经营管理已经有了充分的思考，对此佐佐木正也暗自佩服。

"看他这么热心，就赌赌看吧。"佐佐木正很看好正义，当场就给了他4 000万日元作为签订专利合同的费用。第一个合约就这样签订了，看着父亲三宪乐不可支的样子，正义更是高兴。而父亲看见儿子高兴也是更加开心。

此外，佐佐木正还委托正义研发德语版、法语版的翻译软件。合同金额总计达1亿日元，按照汇率折算，这是一份价值"100万美元的合约"，正义也很喜欢这样的称呼。朝着打造大企业的这个目标迈进，孙正义收获了有生以来的第一桶金。可以说，这是青年汗水、智慧和努力的结晶。

商业伙伴兼好友陆弘亮是怎样看待孙正义的呢？

问及这个问题，陆是这样说的："他是个满怀梦想的赌徒，但是从来就没输过。"

美国的高科技杂志*THE INDUSTRY STANDARD* 2000年9月4日号的封面人物是孙正义，而标题正是"赌徒"。众所周知，孙正义是如何对网络孤注一掷的。但是，即便从朋友看来，他的商业嗅觉也绝非常人可比。

人人都有梦想，然而要想美梦成真，过人的才能和坚定的信念必不可少。无论多么危险也要勇敢挑战，孙正义的这副态势在他就读伯克利大学时就能看出端倪。语音翻译机的试验机研发成功后，孙正义也把办公室从陆弘亮的家中搬到奥克兰机场附近，位置是三层楼的二楼，大小60平方米左右。M Speech System的公司名称也改为Unison World。

这个名字很有特色，只要听过一遍，人人都能记住。

陆弘亮的职务也从先前的"杂务"荣升为"项目经理"。其实，他的工作内容越来越复杂，这职务也就是广义的"杂务"而已。

公司的体制也要进行调整。

有一天，孙正义给了陆一个信封："这是对你辛勤工作的奖励。"陆打开一看是股票，吃了一惊。虽说是股票，但不是正式的票据，公司前景光明，但眼下还不能上市发行股票。说得极端一点，这股票形同一张白纸，但既然是孙正义给的，那他肯定不是开玩笑或者恶作剧。

孙正义这么做的意思是把公司10%的股份给他，之后又涨到了20%。陆把还没兑现的礼物当成实物看待，非常重视。

另外，夏普的佐佐木正在签约后也来了一趟美国，他并非不信任孙正义，只是有一丝不安。虽然因为看中了创意的独创性和孙正义签约，但只要还没实现，终究还是镜花水月。佐佐木正也是一位追梦人，身为谨慎的商人，他也想看一看孙正义今后的发展前景。

看到研究员加上临时工总共有15名成员在忙碌，佐佐木正放下心来，对孙正义也抱有更大的期待了。项目团队研发出的语音电子翻译机，只要插入一张IC卡，就能转换五国语言。它日后演变为夏普的“IQ3100”，即世界上第一台便携式多国语言电子翻译机。

CHAPTER 4

第4章

游戏机生意：赚钱绝非难事

以世界的眼光看每一宗生意

此时的正义的的确确就在追梦，另一个巨大商机也不期而至。某一天，孙正义获悉了一条和日本游戏机有关的新闻。多次往返美国和日本，孙正义并没有对日本兴起的游戏机视而不见。

从1979年3月至8月，“太空入侵者”的游戏相当流行。值得一提的是，当年也兴起了电脑的热潮，NEC的PC-8001正式发售，索尼则在夏季推出了随身听。“太空入侵者”游戏由日本游戏公司Taito于1978年发行，与以往的游戏大不相同。在一个完全科幻的世界里，外星人入侵地球，侵略大军直扑玩家的阵地。玩家操作炮塔击落敌军，这是多么新奇的想法，虽然说起来有些单纯，却是史无前例的。

孙正义以企业家的眼光仔细审视着这个游戏机，得出的结论也很简单明了：这个游戏热潮只是暂时的。因为纯粹是敌攻我守，玩家很快就能掌握规律。

虽然一台游戏机的价格是100万日元，但热潮过去后，这正是“夏季草凄凉，功名昨日古战场，一枕梦黄粱”[1]。果然不出所料，游戏的热潮很快过去，这证明了孙正义的先见之明，然而好戏这才开始。日本人为什么会热衷于太空入侵游戏呢？这样一想，孙正义观察人心的特性也发挥得淋漓尽致。日本人热情来得很快，去得也很快，那美国人又是怎样呢？

孙正义迅速展开行动，为了购买游戏机，他飞到日本直接和制造公司的负责人交涉。孙正义的开价是：“一台5万日元。”对方冷笑一声，这游戏机此前可是卖到100万的。但孙正义并不会就此让步，在对方嗤之以鼻的时候，正是一决胜负的好时机。

就这样堆在仓库里的话，光仓储费就要不少钱。正是看穿了这一点，三个月后他用现金买进，一台5万，总共10台。

“我真是输给你了。”负责人苦笑道。孙正义那年22岁，他和一般的青年迥然不同。把日本采购的游戏机运到美国，他用的是飞机而不是轮船，这个想法也体现了孙正义的与众不同。进口日本已经过时的游戏机，大部分公司都会选择船运吧？而他偏要采用费用更高的空运，连报关包含在内，三天就可到达美国。如果船运的话，恐怕要用三个月，这买卖从一开始就划不来。正因为具有敏锐的商业目光，孙正义才会想出这样的办法。

要成为一名不同于常人的企业家，始终保持简单快速的风格以及冷静的计算，这两点也是必不可少。

如今，身为一流商人，孙正义已经崭露头角。然而，在1979年的时候，他尚未毕业，还是伯克利大学经济专业的大四学生。从日本引进“太空入侵者”游戏机的想法在今天看来极为普通，但考虑到那时还是70年代，而且一个赴美留学生竟有如此胆识，这不能不让人惊叹。

1 日本俳句之神松尾芭蕉的名句。

没落的游戏机风靡美国

孙正义从日本回来时，陆大吃一惊："游戏机？"费尽千辛万苦，好不容易从一流大学毕业，非得从事游戏销售不可吗？而且也没有店放游戏机。因此，孙正义利用午休时间和陆一起去餐厅。用过餐后，孙正义找到店长表达了在店里放上游戏机的意愿。

"用不着这么惊讶吧？"

孙正义不紧不慢地解释该游戏机在日本有多么流行，店长这才有了兴趣。他趁热打铁："利润分成我们五五开，如果你觉得我在骗你的话，先放上三天试试看吧。"孙正义对笔者这样说："我认为，只有让对方有利可图，他才会相信我是和他并肩作战的。这样接下来的话就好说了，对方也会有所回报的。"

这充分体现了孙正义高明的谈判技巧，只要他出马，没有一家店会说不。为了寻找放置游戏机的店面，孙正义每天都在不同的餐馆吃中饭。连设有舞厅的日本餐厅"吉津"也放了一台。"吉津"就在伯克利大学附近，学院大街和克莱门特大街的交界处，相当繁华。

有过几面之缘的学生突然说想在店里放台游戏机，店长虽然吃惊，终究还是说不过他，放了两台。多年以后，管理者秋叶好江有过一次意想不到的经历。"吉津"后来搬离伯克利，迁到面朝奥克兰海湾的杰克伦敦广场，名称也改为"吉之店"。有一天，突然有一人携一位白发绅士来到店内，两人相谈甚欢。那人在读书时期常带着女友来到伯克利的老店，而那位白发绅士——莫泽尔博士也去过那里。

秋叶对日本和商界知之甚少，他问那个小个子日本人："你现在做什么呢？"

"这个嘛，随便弄弄，以前承蒙关照了。"

孙正义面带微笑，对过去安放游戏机一事表示感谢。一听到这名过去在“吉津”露过面的学生竟是如今光彩照人的孙正义，秋叶又是感怀又是惊叹，一时说不出话来。

当然，也有些店明确拒绝摆放游戏机，但孙正义毫不气馁，正是凭着这样的勇气，他才能在美国取得成功。遭人拒绝就心生怯意，这不是孙正义的作风。有时他还会与管理者直接交锋。

“喂，你说什么呢，太突然了。”管理者惊慌失措地说道。

“很简单啊，我想做生意。”

管理者表示，店里放台游戏机看起来怪怪的。

“你这么说的话，那看来没心思做生意嘛。”

“怎么说？”

“Victoria Station已经放上我的游戏机了。”

一听说连流行的牛排餐馆“Victoria Station”也在接待室放了游戏机，双方立马成交。

大部分店家都禁不住孙正义的软磨硬泡。

但是某一天，来了一个意想不到的电话。没想到是一年前陆弘亮担任经理的冰淇淋玛丽打来的：“请马上来一趟，你的游戏机坏了，客人都有意见了。”孙正义赶快赶到冰淇淋玛丽，顾不上打招呼就直接奔到游戏机前。操作了几下，毫无反应，是机器故障吗？他忐忑不安。应该是刚出厂的新产品，难道是在运输途中坏了？但是，周围的人却看到了一个让人难以置信的场景：25美分的硬币一个劲儿地涌出来，机器应该没坏，是硬币塞了太多，所以动不了了。

围观的顾客大笑起来，这就像是喜剧场景似的让人忍俊不禁。冰淇淋玛丽是伯克利人气很高的青年休闲去处。对美国人来说，冰淇淋本身就是一种文化，连在美国最著名的大学里，学生们也是热衷于边吃冰淇淋边玩游戏。孙正义故作慌张地把取出的硬币交给店长，店长也是欣喜万分。这种时候，美国人总是毫不掩饰自己的情感。

“好吧，你的机器再加一台吧。”

身为学生的孙正义从零开始，仅用了两周时间就把买游戏机的钱和空运费都挣了出来。半年时间，游戏机数量达到350台，利润超过1亿日元，而且还是在成本为零的情况下达成的。孙正义的成功引起了其他美国公司的关注，光是北加利福尼亚就有100家公司参与其中。然而，孙正义始终独占鳌头，从没有让出第一把交椅。

零投入实现1亿日元利润，孙正义靠的是什么

零投入实现1亿日元利润。“怎么会这样？不可能。”一般人都会这么想吧。曾任软银·美国总经理的泰德·多罗塔说道：“孙正义曾经和人约好在旧金山碰头，然后又和别人约好同一天在纽约会面。一般这是不可能的。但事关生意，“不可能”这句话他难以开口。总之，他很了不起，于是，在同一天内旧金山和纽约两头跑也就再平常不过了。”

值得一提的是，像泰德那样了解孙正义的美国人很少。对孙正义来说，泰德就是他的“美国父亲”。

泰德说孙正义有两点与众不同的能力。第一，看穿问题本质的惊人能力。看清本质，迅速应对。第二，令人难以置信地拼命工作，虽说这是孙正义与众不同的生活方式，但勤恳工作的人应该为数不少吧，而孙正义不同常人的地方在于他不断接收新的观点，通过这种方式增长能力。

正是发挥了这两个特长，孙正义买下了伯克利大学校园附近的游乐中心。这是让学生稍微放松一下的绝好去处，书店、唱片店等应有尽有，直到今天，这里仍然是学生们的娱乐中心。游乐中心这块风水宝地买得也很值。身为大学生，孙正义并没有资本，但是他只用了2 000万日元（当时相当于9万美元）就买了下来。当然，孙正义首先和银行交涉，拿陆弘亮的家做抵押。凭借他缜密的创业计划以及热情，银行答应给他最惠贷款利率，这个融

资条件对大学生来说也是特殊对待了。这是孙正义经手的第一笔企业收购，对此他成竹在胸。

虽然这样的自信有违常理，但正吻合泰德对孙正义的描述。他决定在一个月内让营业额增加到3倍，为此也是将合理化经营贯彻到底。调查游乐中心各机器的营业额，总之，彻底的调研至关重要。有些机器无人问津，有些机器刚开始火了一阵，之后也失去了吸引力。每一天、每一台机器都要一个不落地进行研究，这也是孙正义的策略之一。通过观察各机器的图表，就能一目了然地知道需要几天实现赢利。孙正义重视现金流，设定目标，然后向着它稳扎稳打，直到实现。

孙正义如今“每日结算”的运营特点正是来源于此。孙正义的过人之处在于步步为营、不遗余力，毕竟天才并不是一天就能形成的。伯克利的知名商店大多放上了台式游戏机，因此引入新的机种也很方便，只要换块主板就行了，而主板体积小巧，运费也便宜。

时间渐渐步入20世纪80年代，孙正义把当时日本流行的游戏纷纷引入美国，如“吃豆子”“小蜜蜂”“紧急出动”等。要么不做，要做就要做到底，这是孙正义的行事风格，他对手下员工也是如此。一开始他只和美国人做生意，所以打工者只收美国人。在当时的伯克利，嬉皮士、边打工边买大麻的可疑打工者也是不乏其人。

起初是无条件地招人，员工也是各种各样的都有，有些人怎么看都没什么能力，有些人则完全就是个懒汉。孙正义连续三天注视着他们。第一天，毕竟刚进门，彼此不太熟悉，工作更难上手，这也情有可原。第二天，一般的人都能适应工作，相互之间也能很好地沟通了。到了第三天还毫无长进的员工孙正义会毫不犹豫地解雇。

喜欢游戏的打工学生最受孙正义的青睐，他们无须别人吩咐就能坚持工作，销售额也大幅增加。孙正义仅用一个月的时间就让收购的游乐中心销售额达到3倍，创造了一项纪录。这真是令人惊讶的企业家精神。

然而，那时他还在摸索阶段。孙正义给经营的公司取名为Unison

World，其中也包含了很多含义。孙正义就读的伯克利大学对基础软件操作系统UNIX的发展居功甚伟。UNIX是AT&T贝尔研究所开发的OS（操作系统）。值得一提的是，伯克利大学给初期的UNIX加入单独扩充功能，开发出名叫BSD的操作系统。接上互联网的服务器后，UNIX即可使用。这个UNI（IX）和SON（孙正义）拼起来就成了Unison，也有“调和”的意思。World则是因为孙正义想建设全球性的大公司。

而且，重视调和的孙正义让陆弘亮也吃了一惊。

创业两年后的某一天，作为陆辛勤劳动的回报，孙正义突然任命他为副经理。

“什么时候开始？”

“就从现在开始。”

想不到孙正义也有这样的一面。得到了孙正义的认可，陆也是欣喜万分。

移师日本：回自己最容易成功的地方

从1979年到1980年，Unison蒸蒸日上，一帆风顺。然而孙正义的一句话却让陆大吃了一惊：“我要回日本。”陆又一次无语了，眼下工作进展顺利，而且就孙正义的性格来说，在美国做生意肯定会比在日本更能取得成功。

孙正义对笔者这样说道：“大家都说我好不容易把公司做起来了，这个时候离开岂不是傻瓜吗？但是，Unison对我来说只是将来创业的一次预演。我从一开始就做好了决定，大学毕业后一定会回到日本。”最为重要的是，“我要遵守和母亲的约定，无论如何都得信守诺言。”

当然，不光对母亲这样，对友情也是如此。

孙正义微笑着对笔者说：“举例来说，如果一个人为了500亿日元就能出卖朋友，那他的人生价值也不过如此，我不想做那样的人。”

这是贯穿孙正义一生的处世哲学。

1980年3月，孙正义从伯克利大学毕业。人生的大部分东西都是在伯克利学到的，这里是他的起点。80年代，大学校园已经铺设了互联网，虽然规模尚小。孙正义也一心一意地投身于欧文斯大厅的计算机机房，也可以说是欧文斯大厅造就了他。

无论何时，咖啡店里总是挤满了年轻人，其中也包括“斯托拉多”和“奥·科克莱”。“斯托拉多”是电影《毕业生》的外景地，“奥·科克莱”则是许多学生的休闲去处。对孙正义来说，这里记录着他难以割舍的青春岁月，令他难忘，而且这里到处都有和妻子优美约会的美好回忆，他们曾在一起大嚼大咽芝士汉堡和俱乐部三明治。

虽然略有感伤，但是孙正义也怀着新的期望。“我也想过就这样留在美国继续经营公司，但是，我相信在日本从零开始也一定能取得成功。我要在全世界做生意，迟早有一天我会重回美国第一的宝座。”

“I shall return（我一定会回来的）。”这句话深深地刻在了孙正义的心底。

孙正义开始把眼光瞄向了日本第一，但究竟在哪种领域成为日本第一，虽然心怀壮志，但那时他还没有想好。

说起美国的一流大学，有哈佛大学、耶鲁大学和加利福尼亚大学伯克利分校。

能进入伯克利大学，仅凭这点足以说明孙正义有多么勤学苦读。毕业时，还有人劝他进入哈佛研究生院深造。不仅如此，连美国理工科最好的大学——麻省理工学院（MIT）也发来热情邀请。母校的研究生院甚至开出了免收学费的破格条件。

孙正义编入伯克利大学三年级学生，用了三年时间毕业。乍一听，也许会有人认为这是他成绩糟糕的缘故，其实不然。学生时代，为了创业他不得不休学一年，潜心研制语音翻译机，创立公司，飞赴日本把已经过气的游戏机搬到美国四处推销。换作一般学生，会跑去日本签约、采购游戏机，甚至休学吗？

作为学生企业家，孙正义经商固然顺风顺水，学业也是出类拔萃。即便休学的时候，他也没有荒废学业，谁都不知道他是多么发愤苦读，只有夫人优美看在眼里。

然而，孙正义的抱负并不是做研究。为什么呢？孙正义这样说："在为了自己而活的年代里，即便从保守的角度来看，都能感觉到其中蕴藏着千载难逢的机会。可以说，世界正张开怀抱等待着我。"这体现了青年的壮志雄心。

做生意很有意思，他跃跃欲试，很想一显身手。但是，冷静的判断使他的志向并非流于空想，他知道前方有敌人严阵以待，也明白商界并没有想象中那么美好。

迫在眉睫的理由也存在：他从英语学校时期就开始和女友优美交往，两人在他大三的时候结为夫妇。孙正义认为，只有让妻子幸福的男人才是最优秀的男人。

1980年3月，孙正义从UC伯克利分校毕业。当时孙正义连毕业证书都没领，他在毕业典礼的一星期前回到了日本。

"我虽然上了大学，但并不是为了拿张证书才去的。"他的自负也是原因之一。

但是，多年以后，当对什么都充满好奇的女儿万一问他："爸爸，你真的去美国留过学吗？"这该怎么办呢？后来，孙正义趁赴美和Interactive公司签约的机会专程跑了一趟伯克利大学。

"请问我的毕业证书还在吗？"

办事处的女士惊讶得说不出话来，她很快通过电脑搜索到孙正义的姓名。

"有的，孙先生。"她的表情依然难掩惊讶，"你一直都在做什么呢？"

竟然会有学生不领毕业证书，她对此觉得不可思议。而毕业证书居然完好无损地存放着，孙正义也是惊叹不已。

这时他已经毕业8年了。

CHAPTER 5

第 5 章

软件发行巨头——软银的诞生

6年的留学生活画上了句号，孙正义回到了日本。为了组建公司，他马上在靠近西铁大牟田线的大桥站（福冈市南区）成立了事务所。一年后，1981年3月，他将事务所迁到了杂饷隈街（福冈市博多区），成立了从事市场调查等的企划公司——Unison World。登记的法人代表名称是“孙正义”，可以感觉到孙正义是想明确地展示自我。用韩国人的名字登记，这遭到了很多亲戚的强烈反对，他们众口一词：“你身为侨居日本的韩国人，难道不知道这在日本社会意味着什么吗？”

“亲戚们都说我这样招不到员工，银行也不会贷款给我。父亲一言不发地听着。大家都想得很严重，所以我知道父亲不好受。但我还是决定光明正大地使用本名，我觉得这样还能认可我的员工才是真员工、银行才是真银行，我讨厌逃避。”在表面看来否定不平等、实际依然带有歧视的日本社会，想堂堂正正地用韩国人的姓名生存，这从一开始就注定会有很多不利的因素，甚至对他闯荡商界也是很大的障碍。亲人们希望这位留美归来的年轻人能够明白日本实际上还是很封闭的社会。但是孙正义的态度很坚决，在美国的那段青春岁月里，从没有人介意过他的国籍。

因为保留韩国国籍给护照办理增添不少麻烦，孙正义后来还是加入了日本国籍。“国籍只是一个符号，但还得向日本政府交税，也算是享有市民的权利了。”为子女的将来着想也是这么做的原因之一。但是日本国籍得来并不容易，法务省一开始拒绝了他的要求，因为在日本的姓氏中并没有“孙”这个姓。既然没有先例，要想入籍就得改名。孙正义想到了一个办法。按照韩国风俗，夫妻成婚后不必统一姓氏，所以他的妻子仍保留了大野这个姓。首先让身为日本人的妻子向法院提出申请，要求把“大野优美”改成“孙优美”。然后孙正义再去法务省查询：“日本人里有没有姓孙的呢？”

只要先例一开，就能获得认可了。对方回答说：“有一个，那就是你的妻子。”

如此一来，名叫孙正义的日本人也就诞生了。

“总算拿到日本国籍啦！”孙正义满面笑容地向员工们展示日本国籍的证明资料。

孙正义选择创业方向的十大原则

在20世纪80年代，在日本新建的公司该如何发展呢？作为公司首先要整理组织机构。在日本这个未知市场，孙正义建起这个公司是想通过实践来决定今后的业务方向，眼下公司还是毫无业绩可言。

“既然决定在日本做生意，那我一定要成为日本第一。”他一边搜集资料，一边制订各种计划，一下子就有了20多个创业灵感。一一调查、尝试需要时间，因此他只雇了一名正式工和一名临时工。事务所是木结构的两层楼，公司就位于二楼，铁皮屋顶，连个排雨管道都没有。房间大小充其量也就10个榻榻米的样子，踩在楼梯上也是咯咯作响。原本连台空调都没有，一关掉风扇，人就大汗淋漓。而风扇一开，文件就四处乱飞，孙正义的工作就是手忙脚乱地把它们收集起来。

就在这段时候，长女诞生了。看到妻子优美恋恋不舍地抱着长女，美好的回忆也是涌上心头。夫妻俩自伯克利时期以来一直相爱，这是两人的第一个孩子，孙正义的内心也是喜不自胜。忙完工作已是深更半夜，回到家中，稚嫩的女儿还在哇哇大哭。有时孙正义也会帮着换尿布。

孙正义似乎充满了源源不竭的能量。每天早晨驱车前往事务所时他都在思考。（一定得做些什么。）但是，做什么呢？（还没决定下来。）

真是痛苦。真让人着急。毫不夸张地说，当时孙正义的收入完全为零。就像驶进了看不见出口的隧道，他深感不安。一旦决定做什么的话，就绝不改变。他的梦想是在决定的领域成为第一，但他现在就是困在起步阶段，究竟该从哪里入手呢？

“倒不是因为懒惰所以迟迟不做出决定，我绝不会半途而废、向命运妥协。”

“选择有很多，就算想到了什么马上去做的话，花上十年肯定就做到头了。那时不得不转行，我可不想这样。”孙正义立刻拿出笔记本，这是他在念大学的时候就已经养成的习惯。他把脑海中浮现的所有想法全部写下来，一一列举行业选择的必要条件。

如果不能赚钱，创业毫无意义。

行业的发展前景是否足以面向未来？

接下来的50年是否都可以专注于这一行业？

巨大的资本并非必不可少。

因为年轻，所以可以成功。

将来一定能成为集团企业的核心。

要从事谁都想不到的独特商业。

最迟也要在十年内成为日本第一。

事业成功的关键在于拥有让人幸福的信念。

从20世纪后半时期开始走向世界。

总共列了10条，仅从表面来看，这些都是再正常不过的经营哲学了。但是孙正义的特别之处在于他会给各项加上相应的指数。各行业制作的资料接近40厘米，最后把40种行业合在一起就有十几米厚。

他下定决心，对综合评分最高的行业奉献一生。在铁皮屋顶下，他把装苹果的箱子作为讲台踩在上面，对仅有的两名员工热情洋溢地说道："销售额5年达到100亿日元，10年达到500亿日元。"

"有朝一日要像数豆腐一样，一丁、二丁[1]的。"

正式工和临时工默不作声地聆听着，但是每天都听他这么说终究还是受不了。没过多久，两人相继离去。这对于喋喋不休地讲述个人野心的孙正义来说，那时一定是目瞪口呆吧。说他是堂吉诃德，确实很像，不过只是青年堂吉诃德。孙正义的体内洋溢着热情，他才不过24岁。

砸钱拼展会："无名小卒"软银初露锋芒

比起在校学习，抽出时间研究电脑开发更为重要，因此比尔·盖茨选择从哈佛大学退学。据说盖茨参加过日本大学的入学联考，各科考试总分800，他居然拿了满分。他的确头脑聪明，是不折不扣的天才。800分和799分具有天壤之别，799分还能反映出个人能力的极限，而800分则说明没有极限。

年轻时，孙正义常听闻比尔·盖茨的天才事迹。有一次孙正义受邀前往盖茨西雅图的豪宅时，在不经意间，两人的话题转到盖茨获得800分满分的天才头脑上。盖茨若无其事地说："拿了满分也没什么骄傲的。真正重要的不是死记硬背，也不是照着教学内容一字不差地作答，而是具有先见之明的观察力。"

孙正义重新领略到他的过人之处，可以说盖茨独具慧眼、善于把握时代脉搏。

1 日语中数量词"丁"和"兆"同音。

孙正义自己也是总能预见时代的走势，对此他也颇为自负。但他视盖茨为好友，彼此无话不谈，提及自己的观察力时也没有一丝沾沾自喜。

孙正义的观察力本就不在盖茨之下。回到日本过了一年半的时间，孙正义总算确信计算机是值得自己奉献一生的行业。今后，计算机将日趋重要，而且数字信息革命也会到来。

1981年，孙正义已经看清了时代的动态。这年9月，日本软银（日本Softbank）在福冈市南面的大野城成立。公司从事电脑软件的买卖流通，即软件批发。行业内容正如公司的名称，而在学生时代，孙正义记录发明创意的笔记本则叫“创意银行”。联想和知识的“宝库”，孙正义很喜欢这样的寓意。并非是OS（操作系统），至少也要做应用软件，启动资金1 000万日元。这时，孙正义遇到了千载难逢的机会。

日本每年10月会举办家电、电子行业的展览会——电子技术展。这年的举办地是大阪府的见本市会场。孙正义把1 000万中的800万投到了这次的展览会里，他到底是怎么想的呢？

“如果没有足够多的软件则打不开销售渠道，打不开销售渠道则无法购进软件。无论如何，我都要通过这次展览会抓住商机。”

虽然规模和松下、索尼这样的大公司相去甚远，但是孙正义却租用了和它们大小相差无几的展区。仅此一点就是前所未闻了。从常识上说，将八成的资本投入到展览会是不明智的。员工们目瞪口呆，而孙正义却围着软件公司到处奔波。孙正义提出了一个有悖于常理的建议：对方只要把软件带来参展，场地费、装饰费都由他承担。无论哪家软件制作公司对此都是大为惊讶，天下竟然有这样的好事。

对于不惜代价要在展览会上吸引眼球的设想，孙正义解释道：“在软银的巨大展台中同时展出各家公司的软件，单凭这点就足以引人注目了。”

大部分公司起初都没把软银当回事，觉得孙正义要么是钱多得没处花，要不就是个疯子。但是，在展览会上，孙正义的展区盛况空前，远远超出众人的预料。经销商、从事电子产业的人、销售商等络绎不绝，展区内挤满了参观的客人。本次展览会，孙正义仅花费了30万日元，但访问展区的人数却是数一数二的。大会结束后，虽然客户都和各软件制造商直接交易，但孙正义依然心满意足。日本软银的旗号为人所知，仅这一点已经是大获成功了。

孙正义连续几日都和员工们通宵达旦地交谈，在外人看来仿佛是集体住宿一样。通过这次展会，孙正义还获得了巨大的灵感，从中可见他敏锐的观察力和锐利的商业直觉。在展会上，夏普推出的笔记本电脑备受好评，而孙正义考虑在全国书店出售该笔记本电脑的程序集《笔记本电脑图书馆》。

当时，孙正义的恩人佐佐木正所效力的夏普正欲与NEC一较高下，可以预见，微型计算机时代即将到来。电脑发烧友们使用美国的软件进行编程，而无线电业余爱好者则期盼惊喜，对程序集也是满怀期待。虽然知道与计算机相关的出版蕴藏商机，但孙正义对出版本身却是一窍不通。

经佐佐木正的朋友引荐，孙正义来到了位于赤坂的东京旭屋书店统括总部，接待他的是常务田边聪。田边五十出头，身穿优质面料的西装，而孙正义虽然系着领带，可长着一张怎么看都只有十六七岁的娃娃脸。对于孙正义的话语，田边起初丝毫没放在心上，更确切地说他有些泄气："为什么我非得和这个乳臭未干的小子谈生意呢？"

"我想出版这本书。"孙正义递过来的书上一排排都是数字和表格。

"哦？这样的书倒是挺少见的。"田边认真地翻开书，仔细地看了看数字和符号，暗暗吃惊。

不管怎么说，封面是单色印刷，看起来很笨拙也很幼稚，可以说是个设计初学者画的，而且书是用订书机装订起来的，看起来也很杂乱。

"这是我为笔记本电脑用户所编写的程序。"

"但是，这样子很难卖出去啊。"

孙正义说道："请让我用一下你的电话。"

电话是打给印刷厂的，他下令说："马上停止印刷。"

然后，孙正义对田边说道："但是，我对书的内容还是很有自信的。"孙正义力劝田边，在美国，笔记本电脑正势不可当地广为传播。

“原来如此，我明白你的意思了，但我们毕竟是书店，如果没有对读者群或读者关注的动向加以调查，很难轻易答应你的。”

“就是这个道理啊，田边先生。今后读者的注意力理所当然会转到计算机上来。”

身为芥川奖获奖作者田边圣子的亲弟弟，田边目光锐利，而且是个性情中人。孙正义介绍说计算机今后会如何如何普及，对此田边的反应很敏锐。而且，对于孙正义说的硅谷，虽然觉得不可思议，他也开始相信这未必就没有可能。

“但是，出版并不是那么简单的。”

“正因为这样，我希望你能助我一臂之力。”

“话说回来，你和代理商谈过了吗？”

孙正义擦了擦额头的汗水，对于出版界他本就是个外行。田边大吃一惊，向他详细解释说明。出版社与被称作“代理商”的图书批发商共同在银行开户，由此使得书籍在全国书店流通无阻。大型代理商有“东贩”（东京出版销售，今Tohan）和日贩（日本出版销售）。

孙正义突然对田边说：“你能带我去东贩吗？”

身材矮小的田边瞪大了眼睛。怎么能才见了面就带人去找东贩、日贩的，这也太不合情理了。但是，年纪轻轻的孙正义散发着一股魅力，经验老到的田边为此打破了常规。虽然具体是为什么他也回答不上来，终究还是人格魅力吧。

田边带着孙正义从赤坂奔赴位于新宿区东五轩街的东贩。接待两人的部长拿起密密麻麻写着程序的印刷品，目不转睛地仔细审视。部长神情凝重地看了看孙正义和田边。

“既然是田边先生推荐的话……”

他半信半疑地开了户头。

孙正义深深地低下头对田边说：“我们去日贩吧。”

看着微笑的孙正义，田边也没有拒绝：“我还是第一次见到像你这样的人，真没办法。好吧，知道了，我带你去。”

夏日炎炎，田边抱怨着和孙正义坐上了出租车，10分钟后两人到达千代田区神田骏河台的日贩。日贩的负责人也是第一次碰到和电脑有关的业务，一边翻看尽是数字和符号的印刷品，一边连连摇头。即便如此，他还是同意开户。田边的直觉果然没有错。孙正义的第一本出版物《笔记本电脑图书馆》畅销日本，在出版界内，日本软银也是声誉鹊起。

孙正义后来对笔者说："那天的经历的确是我出书的起点，我由此确信，出版这类媒体会成为数字信息社会的巨大支柱。"

理顺发行渠道：绑定全日本最大硬件卖场

1981年，孙正义在日本总算迈出了第一步，而比尔·盖茨也感受到巨大的成功在向他招手。在20世纪80年代，信息时代的帷幕在日本和美国同时拉开。

1980年，盖茨的小公司微软和IBM进行了一次重要的商谈。8比特（bit）的软件已经在CPM（8比特用的OS）的OS（操作系统）上运作。IBM首先把目光投向研发出CPM的公司，希望他们能接着开发出16比特的OS，可是对方对此反应冷淡。

因此，IBM找到了盖茨。IBM是当时在硬件行业独占鳌头的巨人，其大型计算机的市场占有率高达80%，有此盛名，无论在谁看来，IBM帝国都是难以撼动的。

但是，即便是IBM也有自己的阿喀琉斯之踵。由于小型计算机的研发已经落后，因此IBM希望在一年内推出自主开发的个人电脑。电脑研发的竞争已趋于白热化，某机种问世不久，马上就会有性能凌驾其上的新机种横空出世。为此，开发团队需要迅速做出应对。从战略来说，必须抛弃一切都要自主研发的惯性思维，因此IBM决定向微软开放OS。

此时，比尔·盖茨提议把搭载16比特微软处理器芯片的个人电脑作为硬件。盖茨手头并没有OS，但他收购了制作基础OS的公司并对OS加以改良。

从8比特到16比特的转换毫无疑问抢占了时代的先机，具有划时代的意义。由此，个人电脑从“玩具”转变为正经的商业工具。

盖茨敏锐的观察力使他看到，只有个人电脑才能超越大型计算机，抢占市场。建立开放式结构，允许其他公司自由复制，凭借这项英明决断，IBM抓住了机遇，确立了世界性的个人电脑标准，而盖茨的微软对这场革新居功至伟。改良后的OS是MICROSOFT DISK OPERATING SYSTEM（微软磁盘操作系统），即MS-DOS。它与今日的WINDOWS密切相连，可以说是WINDOWS的基础。

拥有MS-DOS最初许可证的IBM把OS命名为PC-DOS。PC——个人电脑由此诞生。

1981年，盖茨踏出了面向未来的第一步。在太平洋的另一端，孙正义就像一个沉默的对手屹立于世。

岁末虽然忙碌，却也给大城市带来活力，到处都是沸沸扬扬的喧闹。在一间狭窄的事务所内则响起了电话铃声。孙正义的日本软银公司从福冈搬到了东京。确切地说，是挪到市谷站附近，在染色中心二楼经营综合研究所的一角里借用了两张桌子而已。时值傍晚，孙正义刚从外面回来，慌忙拿起电话机。

1981年，日本正处于经济繁荣的顶峰。寺尾聪的《红宝石的戒指》获得唱片大奖。大受欢迎的热门动画《机动战士高达》在出售塑胶模型时另有赠品相送，而《阿拉蕾》的相关产品也是飞速畅销。为了筹集资金，孙正义到处奔走。虽然把手头1 000万日元的资金拿出800万日元投入了当年大阪电子技术展上，但销售额不过30万日元。为了募集新年的资金，他在年末来到东京四下奔走。

打来电话的人一口关西口音，自称名叫藤原睦朗。

“你知道上新电机吗？”

这公司从未听说过。藤原对孙正义的回答略感失望，马上开始介绍自己的公司。

当年10月24日，上新电机在大阪日本桥开设了全日本最大的电脑专门店“J&P Techno-land”，并举办了盛大的开业促销活动。因为作家小松左京的一句“东京已经慢慢开始销售电脑了，大阪怎么就没有呢”，藤原在大阪建起了电脑专门店。在他的引领下，短短11天内，销售额惊人地达到6 400万日元，引起媒体的大肆报道。硬件的主打商品是NEC的PC-8001、夏普的MZ-80B、富士通的FM-8等。

虽然一个在东京，一个在大阪，但只要是同行，理当有所耳闻。藤原失望自不必说，对孙正义的无知也是大吃一惊。

此前的电脑专卖店大小最多10坪，而J&P卖场总面积达300坪，足足有30倍之大。店内虽然出售硬件，但作为今后中心的软件还是品种寥寥。为此，藤原寻找软件供应公司。

孙正义心下疑惑，只是惊叹道：“真厉害啊。”他对超过300坪的电脑专卖店也是半信半疑。（大阪商人不是在吹牛吧？）

藤原通过朋友池幸三获悉孙正义从事软件供应的工作，也听说了孙正义正为缺少买家而犯愁。池是商业顾问，也是电脑店的管理者，对孙正义在大阪电子技术展大出风头的事迹也是略有所知。藤原找到孙正义的联系方式并打来电话，也许这就是命运的指引吧。

孙正义的理念简单明快，从全国收集软件，一口气大量买进更容易拿到便宜的采购价。孙正义对美国经济、工业生产还有新能源的动态了如指掌。他和藤原展开激烈的讨论，在他看来，在美国兴起的新事物经过数年的时间差后会传到日本。而且，孙正义侃侃而谈，显得信心十足：“如果和我合作的话，J&P也可以产生附加值。”

藤原说：“既然你把话说到这个分儿上了，那我就把宝押在你的身上吧。孙先生，无论如何请你来大阪看看我们的店吧。”

对于这个意想不到的提议，孙正义也提高了嗓音：“一定一定，我也是求之不得，不管怎么说……”

虽然很想立马奔赴大阪，但他却无法一口答应下来。大部分的钱都投在了展会上，再加上之后的房租和必要的经费，钱袋见底，年关难过。这也许是做成第一笔生意的机会，但是老实说连去大阪的旅费他都有点儿心疼。孙正义表示，虽然自己喜极而泣，可遗憾的是眼下还不能去大阪。

“事实上，我现在忙得不可开交，日程都排满了……”

藤原顿时有些失望。

“过了新年，我会设法去你们那儿一趟。”孙正义补充了一句，然后挂断了电话。

藤原睦朗是在广岛念的高中，高中一毕业马上参加工作。他在中学时期是个无线电业余爱好者，放弃了上大学的念头后，他来到大阪，进了日本桥的电器店。

上新电机的老板净弘博光是个了不起的人物，公司员工不过60人，年销售额竟有6亿日元。据说，其先祖战功卓著，净弘的姓氏还是织田信长所赐。博光生于1935年1月3日，13岁时子承父业，开始经商，建起上市公司。1985年（阪神虎队夺冠的那一年）10月8日，博光不幸病逝，时年50岁。巧合的是，他去世的时候，孙正义正与藤原睦朗及NEC总经理关本忠弘商谈。据说孙正义听到讣告后直奔净弘家中，在灵前静坐默哀了一个小时。

净弘没上高中，他从一间半的小店起步，独自做起买卖。他也是志存高远的人，个性和战国乱世的人物很像。净弘挑战的难题是：怎样才能赢过那些规模大的店呢？他结合实践思考，得出的结论简单至极，但做起来可不容易。他的想法是使周转率翻倍，为此该怎么做呢？

在那时，收音机之类的零件是由顾客自己选购。净弘把所有零件组装起来，顾客购买大为方便。既让客户高兴，当然也提高了商品的周转率。虽然初衷是想便于商店销售，结果也是给顾客带来便利。

“那家店的技术水平要比别的店高。”好评纷至沓来，商店也迅速成长壮大。当藤原考虑去大阪日本桥的电器店工作时，选择上新电机也是理所当然了。

净弘对前来面试的藤原说道："将来，我这家电器店会成为日本第一。为此，请一定要助我一臂之力。"

可以说这是命运的邂逅，藤原深受感动，他拒绝了其他工作单位。8 000日元的工资条件虽然比其他单位要低，但直觉告诉他，待在这里将来有可能成就一番事业，18岁的他感觉到自身体内奋发向上的激情。20年后的今天，藤原已被人称作净弘的左膀右臂。

每次离开公司时，从七楼的总经理办公室下楼顺路到五楼藤原的房间坐坐，这也是净弘的习惯。

"今天的销售额怎么样？"

"很不错呢。"

此时，藤原刚挂掉给孙正义打的电话。

"总经理，还有件更有意思的事。刚才我给一个在东京做生意的年轻人打了电话……"

净弘眼睛顿时一亮，能吸引藤原的注意，仅是这点就让他很想问"为什么"——净弘对藤原的信任由此可见一斑。

"哎呀，电话那头的人真是很有意思呢。"

言下之意，对方——孙正义与众不同。到底有什么异于常人的地方，他自己也说不上来。但是，他感觉电话那边的那个年轻人就是不一样。他能感觉到对方言语间透露出的那股惊人的前瞻性和机敏性。藤原告诉净弘，简而言之，那个年轻人给他的印象并非常人可比。

"他自称只有24岁，那可真了不起啊。和常人大不相同，很有干劲的样子。总经理，近期您能见见他吗？"

净弘总经理说："我明天就去东京找他吧。"

净弘身为大阪一家上市公司的总经理，单凭藤原的话就对孙正义这个年轻人有所期待。他不以年龄或地位来评判他人，原本就善于看人，多少总可以看出对方的性格和才能。

“很有意思的人是吧？好，我就会一会他。”

第二天，藤原给孙正义打去电话：“孙先生，好消息，我们公司的经理出差要到东京，请你一定要和他见上一面。”

听到这则喜讯，孙正义不禁拍手称快，他感觉冥冥之中自有安排，不禁想起坂本龙马说的“人生在世，应当干出一番事业”。孙正义感谢上苍眷顾，庆幸自己如此幸运。

净弘一到日本软银，顿时瞪大了眼睛。就两张桌子随便一摆，这也能叫办公室?

“你就是藤原说的孙正义？”

孙正义是个诚实君子，见到净弘的那一刻，他决心已下。在这样的人面前，粉饰毫无作用，只有展现真实的自我、将追求的目标如实相告。他热情地谈论着即将到来的计算机时代，眼下他所拥有的只是梦想和激情。

“明白了，你有空来我公司看看吧。”

净弘从孙正义的身上看到了自己年轻时的影子：不输给任何人的热血豪情，还有对成功的深信不疑。

“哎呀，你啊，简直和我年轻时一模一样。”

临近岁末，孙正义一大早就到了东京站，坐最早的一班新干线直奔大阪。大阪的电器街可与东京的秋叶原相媲美，孙正义直接找到了日本桥的上新电机，而J&P店让他大为惊叹。

“真的好大，没想到竟有这样的规模。”孙正义兴奋不已。但是，接下来方显出正义的过人之处，他突然对藤原说：“能和我签垄断协议吗？”

“行，不过有个条件。”

藤原的目标自然是从全国收集到的所有软件：“希望你能在明年的1月31日前收集完毕。”

时间仅为一个月，可以说条件十分苛刻。

“明白，我拼了命也会办好这件事。”

独家代理：大幅提升流通的软件品种

孙正义在北海道和九州之间奔走，连春节都没有好好过。当时北海道和九州会聚了许多软件商店。凭借不懈的努力，他如期从100家软件商店购得了所有种类的软件。从游戏软件到实用软件，大约有1万种，实际金额达到4 600万日元。

藤原也是个具有非凡创意的人，他用这些软件在J&P办了一次公开展览。此前常见的做法是把软件放在橱窗里展示。

“公开展览的话会被偷的呀？”

公司里有不少人表示担心。在当时的音乐界，LP已经和磁带放到一面墙上共同展示，藤原主张软件也应该效仿此法。这也是把顾客放在第一位来考虑，有助于提高销售的效率。这个划时代的创意收到了奇效，J&P进一步扩大了销售额。

而在软件流通公司这方面，孙正义也迈出了一大步，一个电话给了他起死回生的机会。

孙正义跑到百货公司和商店宣传说：“上新电机是日本最大的电脑经销商，软件应有尽有，而我拥有独家销售权，如果您也想取得成功，请马上来联系我。”

日本孩子对电脑游戏的喜爱始于20世纪70年代的后半期，这股热潮在1979年《太空侵入者》问世后达到了顶峰。进入80年代后，各种各样的游戏纷纷问世。

游戏软件的核心企业是位于北海道的Hudson，“桃太郎传说”“桃太郎电铁”“高桥名人的冒险岛”“星际战士”“淘金者”等热门游戏皆出自这家公司。

Hudson的总经理叫工藤裕司，孙正义曾经邀请他来大阪参加电子展览，虽然遭到婉拒，但工藤对孙正义还是挺感兴趣的，于是派出了身为副总经理的弟弟工藤浩："东京有个叫孙正义的人，貌似挺有趣的样子，你去会会他吧。"

孙正义的人生总是一场邂逅接着另一场相逢，回首过去，让人不得不感叹他是多么幸运。但是，为什么幸运女神会一再地眷顾他呢?

1981年秋，在东京赤坂的Hudson办公室里，孙正义见到了工藤浩。初次见面，他立马提出："虽然仓促，不过我想和贵公司签订垄断协议。"

浩怀疑自己听错了，他想这个人不会是个骗子吧。

孙正义的提议简单明了：小商店必须通过日本软银才能销售软件。

不是才见面吗？刚做完自我介绍就提出签订垄断协议，吃惊也是在所难免。当时，Hudson是日本最大的软件公司，总部设在札幌，软件销售渠道主要有两种：一是媒体通信，二是流通公司。

1977年7月18日，电波新闻社创办杂志《微型计算机》时，Hudson就在上面登了手写广告。订单从全国各地纷至沓来，看到这个情况，电波新闻社利用分公司的网络来出售软件。之后，一家名叫Nideko的公司使用Hudson的软件，该公司的业务主要批发夏普相关电子零件。

另一方面，Hudson也开始打造独立的流通网站。进入80年代后，行业取得了迅猛的发展，很多企业从最初的摸索时期转到怀揣理想从事研究的阶段。

使用Hudson软件的公司除了电波新闻社、Nideko，紧接着就是日本软银了。但是，孙正义突然提议要签订垄断协议。

浩则说，如果签订了垄断协议，销售额毫无疑问会有所减少。

浩生于札幌，野心勃勃，干劲十足，天生适合经商。虽处在遥远的北方，但他一直觊觎着东京这个聚宝盆，对孙正义的提案他不可能轻易答应。

孙正义似乎满怀期待，他冷静地回答说："我们公司销售很规范，绝不会做虎头蛇尾的事，而且很快就会有几十倍的回报率。"

听到这里，不知工藤浩的内心是怎么想的。是目瞪口呆了，还是认为孙正义在信口开河?

浩一言不发，孙正义继续说道："我可是个天才。"

不知为何，浩隐隐有一种感觉，孙正义似乎确实是个天才。这番话他说得极为自然，这样的人工藤浩还是第一次遇见。

“我想让日本软银成为日本最好的流通公司。”

虽然上新电机给他打过电话，但孙正义毕竟一无业绩二无资金，有的只是热情和梦想。

把日本软银打造成日本最好的流通公司，这绝非妄想。他的谈判技巧和行动力就是实现这个伟大梦想的保证。

这家伙真了不起，浩暗暗诧异，没想到东京竟有这样的创业家。

他开口了：“那请您准备好签署垄断协议的存款保证金3 000万日元。”

这相当于Hudson一个月的销售额。

然而，孙正义却毫不犹豫地回答说：“好的。”

孙正义找遍了认识的人，低声下气地请求对方，终于筹到了约定的钱。

上次和浩见面还是在秋季，而签署价值3 000万日元的垄断协议时已是初冬。

12月，截止的日期越来越近，但是运营资金也已经见底了。

在希腊神话里有一对巨人兄弟名叫普罗米修斯和埃庇米修斯，哥哥普罗米修斯是“先想再做”，而弟弟埃庇米修斯则是“先做再想”。孙正义毫无疑问就是普罗米修斯。

孙正义对自己的才能深信不疑，所以积极行动，而且他总有好运相伴。不少人认可他的能力，也被他的行动和热情打动，纷纷向陷于困境的孙正义施以援手。

好不容易筹齐了给Hudson的3 000万日元存款保证金，但是运营资金也已经见底了。孙正义也感觉到，要想成为日本第一的流通企业确实前路漫漫。虽然他跑了不少大型银行，但面对一事无成的年轻企业家，没有一家愿意倾听他的理想和热情。

（好不甘心。）

然而，孙正义总有先见之明，正因为是痛苦时期，所以也需要眺望前方。

（300年后再回头看我今天说的话，我所预言的时代一定会到来。）

成功获取贷款：孙正义凭借什么让银行掏钱

1982年1月，新年伊始，孙正义的好运也终于降临。他拜访东京千代田区第一劝业银行（今瑞穗银行）的麹街支行，行长御器谷正之接待了他。御器谷正之于前一年的10月刚刚上任。

麹街周围属皇室管辖，因此配备了优秀的警员，消防队的灭火技术一流，但老实说，这家支行在银行中只能算中偏上或者上偏下的级别，客流量和资金都十分有限。而当时社会还没经历泡沫经济，房产价格虽然开始缓慢上升，但像高尔夫会员权利等价格激增的事还要两年后才会发生。

孙正义找了好几家银行申请贷款，来到麹街支行时，已经是走投无路了。表面看来他是仪表堂堂、年方24岁的新晋企业家，实际则是捉襟见肘。当时正是艰难时期，身无分文，所以也确实需要钱。

孙正义一无业绩，二无房产。牵强来说的话，他父亲三宪从业甚广，倒是个名副其实的资本家。但在那个时候，孙正义对融资尚未涉足，他就是赤手空拳的普罗米修斯。

在1月某天晴朗的下午，御器谷正之把孤身前来的孙正义请进行长办公室。虽说他是支行行长，但是看起来和一般的银行职员没什么两样。仪表堂堂，一看就知道是庆应大学出来的，系着时髦的褐色领带，显得朴实无华。

御器谷正之从庆应大学毕业后就进了日本劝业银行。从学生时代就和他交往的妻子则进了第一银行。虽然此前同事都看不起他，但后来（1971年10月）两行合并，朋友们对他也是刮目相看：“你挺有先见之明。”

孙正义的着装深受美国影响，在彬彬有礼地寒暄几句后，他开始自我介绍。从伯克利的留学生活说到创业以及回日本开始从事软件流通，语调一如既往地不紧不慢。

关于自己的工作，孙正义也提到了上新电机、Hudson，而一说到势不可当的计算机时代，他的嗓门也大了起来：“日本毫无疑问会步入计算机时代。”

从创立日本软银的第一天开始，孙正义就下定了三个决心：强化数字信息产业，从事与基础设施相近的工作，追逐群体而不是单个商品。

御器谷正之对计算机并不了解，但是他马上就明白了这个年轻人的追求。虽然现在主营游戏软件，但接下来也想多多尝试商业软件。年轻人继续诉说着梦想。

30分钟过去了，御器谷正之不知不觉被年轻人的热情打动了。只要力所能及，就要助孙正义一臂之力。正当他这么想的时候，孙正义也适时谈到了融资的话题。

“眼下需要资金，如果您能认可我的工作……”他提高了音量，“是否可以提供1亿日元作为融资？”

见御器谷正之聚精会神地听到现在，一同出席会议的部下像是察觉到了行长对此事颇有兴趣。他们不约而同地做起了笔记。

如果决定融资，那就需要向本支行的审查部门递交申请书。

“你能否给我看看过去三年的营业报告、资产负债表和利润表？”御器谷向孙正义问道。

“虽然我的热情不输给任何人，但是这三样东西我都没有……”孙正义回答得很坦然，仿佛这是理所当然似的，“我也没有担保人，因为我不喜欢麻烦别人。”

御器谷还从未经手过没有担保的融资。

而孙正义进一步问道：“虽然没有担保，不过是否可以给我最惠贷款利率呢？”

从伯克利的学生时代开始，孙正义一直是以最惠贷款利率申请融资的。

初次见面就提出这种要求，这样的人前所未见，也可以说是与众不同。御器谷在那一刻会有些不高兴吧？他原本就对风险投资具有独特的直觉，银行里也有这方面的专家以及擅长特殊领域融资的人。身为银行一员，御器谷很相信直觉。

（这位年轻人说话很有趣，和一般人不一样。）

听孙正义讲话，一听就明白他是表里如一的人。银行职员每天要和形形色色的人打交道，所以观察力十分敏锐。不管说得如何天花乱坠，对方是否诚实，是严谨做事还是道德败坏，他一看便知。

无论是哪家银行，支行行长都是根据自己的眼力和经验做出判断，并且对此深信不疑。御器谷也没有固守传统观念，他并不看重对方的经历和名声等。

“差不多到了下一个预约的时间了。”部下提醒他已经过了预定时间。

御器谷接着问是否可以进行信用调查，于是孙正义列举了上新电机以及夏普的佐佐木正专务。

“明白了，请给我们一些时间，我们会好好调查，充分讨论此事。”

虽然依然不失银行职员的冷静沉着，但当时的御器谷却有一种很想对孙正义融资的感觉。孙正义的身上有一种让人说不出来的魅力。回想往事，御器谷说道：“相当干练的一个小伙子啊。比我的儿子大了没几岁，但是说话彬彬有礼，对创业内容思路也很清晰，让人一听就懂。”

御器谷马上展开行动，他与大阪难波的支行行长山内和彦取得了联系。

“想请你帮我对日本软银展开信用调查。”

御器谷奔赴大阪支行，也跑了好几趟上新电机。他是土生土长的江户人，性急这一点也不例外。他想，要融资的话早一天也好，要回绝的话也明天就说。孙正义说的到底是真是假呢？如果缺乏信用，那么当场拒绝也行。

在御器谷的授意下，山内迅速奔赴上新电机确认业绩，此外他也和佐佐木正会面谈了孙正义的事。

佐佐木正回答道：“我拜托孙正义了。”

佐佐木正这样一发话，就是表示赌上全部财产也没关系。对他来说，一个男人相信另一个男人就是这么回事。毫不为过地说，他有可能会面临妻离子散、无家可归的风险。

一般来说，银行支行的行长可以自行裁决1 000万日元左右的融资额，1亿日元已经远远超出了御器谷的职权范围。

对风险投资企业融资尤其需要慎重处理，只凭一时的热情或当事人的梦想是行不通的。第一劝业银行的融资业务由审查部和企业部处理，已经在从事交易的大型企业由审查部核查，而像日本软银这样的风险投资企业则由企业部审核。

御器谷向企业部部长说明了情况。

“这让我很为难啊。”部长皱起了眉头。

既得不出结论，又看不到企业的前景。

“大家畅所欲言吧。”部长说道。

计算机的将来会是怎样的？谁都不能给出结论。御器谷也是，实际上他连电脑都没碰过。然而年轻有为的下属荒幡义光说道：“电脑现在蓄势待发，这个行业今后大有希望。”

这番精彩的发言顿时吹散了御器谷心头的疑云。“好，就这么办吧。”

御器谷让荒幡起草给总部的融资申请书，同时申请给孙正义最惠贷款利率。通常，除非是大型企业，否则最惠贷款利率要上浮0.5%左右。

但是，御器谷连利率上浮都免了，他这么做也是有理由的。一来是想培育风险投资企业，二来也是想稍稍帮助有为青年一把。再者，就算加了这点蝇头小利，万一对方还不了款，结果还不是血本无归？这点也体现了江户人的气魄吧。

审查的通过率只有50%，而且利率也有可能变动。不过，虽然既没担保，又没保证人，价值1亿日元的融资还是定了下来。

“总算可以融资了。”御器谷长舒了一口气。

继夏普的佐佐木正和上新电气的净弘之后，他也押上了赌注。而他看好孙正义的工作前景、甘愿冒险下注的热情也打动了许多人。

一周后，孙正义来到麴街的支行拜访御器谷。御器谷微笑着说：“我是想赌一赌你的未来。”

这时的御器谷不也是融资领域的普罗米修斯吗？

多年以后，孙正义常常感激地说“承蒙御器谷先生关照”，却从不提一句“感谢银行”。

自办杂志：构建自己的营销阵地

1982年12月，斯皮尔伯格执导的*E.T.*在日本公映，观影人数超过1 000万人，创造了新的票房纪录。

1982年，销售额节节攀升的日本软银遇上了意想不到的难题。孙正义计划在三家热销的电脑杂志——*I/O*、*ASCII*、《微型计算机》上刊登日本软银的广告。软件流通到了一定阶段后，要想扩大销量，广告必不可少。然而，三家杂志社都拒绝了他的要求。

作为电脑杂志界的三巨头，*I/O*由工学社出版，以刊登读者投稿为中心，资格也最老；ASKI的*ASCII*喜欢登些美国的信息；《微型计算机》由电波新闻社出版，业界信息十分丰富。即便如此，在这类杂志的二版、三版中，广告有时也是铺天盖地吧。虽然始料未及地受到了伤害，但孙正义没有失去冷静。他们肯定私下串通，故意不登日本软银的广告，如果连这都看不出来，那他就不是孙正义了。而一些消息灵通人士透露的信息更验证了他的判断。

三家杂志社本身也有意从事软件交易，和日本软银构成了竞争关系，所以他们联合起来拒绝刊登广告，孙正义怒上心头，竟然这样从事交易，那帮家伙有没有想过日本计算机产业的未来？在美国，人们常说的一个词就是“fair（公平）”，机会人人均等。但在日本却是小企业被随意践踏，这充分体现了岛国的劣根性。该怎么办呢？面对这个日本特色，面对他人的嫉妒，孙正义也是忍无可忍了。

他提出了严正抗议，就像他的名字“正义”一样。这就是当今日本人的心态吗？明治维新前期坂本龙马、西乡隆盛、大久保利通等人的精神你们都忘得一干二净了？

“好吧，我也做好心理准备了。”

孙正义自言自语，神态平静，在这一瞬间他下定了决心。对于三家杂志社联手拒绝刊登广告，他也做好了心理准备。反正想过早晚有一天要涉足出版业，他索性把计划提前了，决定迅速组建杂志社。虽然时机尚不成熟，但眼下是非常时期，可不能坐以待毙。孙正义热情高涨起来，立志创办日本第一的计算机杂志。但那三家也是专业计算机杂志社，声望颇高，怎样才能超越他们呢？作为后起之秀，日本软银既没有经验，也缺乏人才。

既然是后起的新秀，所以新的创意必不可少，但反过来说，因为制定了明确的战略，他也具有自身的优势。而且孙正义更是高瞻远瞩，把月刊和副刊同时推出。身边的人对这样的策略纷纷表示不解，有人说他不知天高地厚，有人说他行事鲁莽。

当时的常识是：“要想成为信息基础产业的提供者，一开始必须保持中立，偏袒某家制造商的方式不可取。”而虽然是无心之举，但孙正义的策略与“兰彻斯特战略”[1]的基本法则“与敌人一对一单打独斗”，即著名的“弱者战略”不谋而合。

“（保持中立地）和综合型计算机杂志社正面交锋是毫无胜算的。那时，各计算机还不具有兼容性，厂家的生产也是五花八门，所以我的策略是刊登各类机种的信息。我想创办内容具有深度的杂志，这样就算兵力有限也能取胜了。”

根据该法则的创始人——英国工程师F. W. 兰彻斯特（F.W.Lanchester）先

1 英国人兰彻斯特在“一战”中发现兵力与折损量之间存在某种关系，于是发展出“兰彻斯特战略”。该战略有两条基本法则：一是单打独斗法则，后来发展成“弱者战略”；二是集中效果法则。

生的观点，以弱攻强时需要改变战略，让弱者主导交锋。

从一点实现突破，孙正义的这个策略可谓胆大心细、精彩至极。

1982年5月，*Oh! PC*和*Oh! MZ*相继创刊。

*Oh! PC*刊登NEC的PC-8000、PC-8800、PC-6000系列，而*Oh! MZ*则重点介绍了夏普的MZ-80B、K/C、PO笔记本电脑。

虽然对自己的杂志满怀信心，但与杂志王国美国的杂志相比，实力还是有天壤之别，孙正义不禁有些担心，也许会卖不出去吧？果不其然，两个月后，退订的杂志堆积如山，远远超过孙正义的想象。

一份杂志印刷有5万册，实际上85%以上都没卖出去，积压在仓库内，堆成一座小山。

每个月被退回的杂志都是堆积如山。在发布创刊号后，紧接着第二个月必须发行二号刊。二号刊发行后，就要着手准备三号刊了。而且，在三号刊推出时，也可以知道创刊号销量如何了。如果无人问津，那就不得不停办，而出版社和编辑们的努力也就化为泡影了。

身为战略家，即便面对如此惨状，孙正义也不会就此认输。放手一搏，拼尽全力，这正是孙正义的本色。

到了11月，创刊已有半年，杂志也出到了第七期，但赤字依然巨大。1982年行将结束，孙正义展开了“更新”战略。他下定决心，要满足读者的全部要求。通过读者调查，各种直率又简单明快的意见被纷纷记录了下来。

因此，*Oh! PC*的风格有了很大转变，并做了电视广告。发行量扩大了一倍，而价格从原来的680日元降为480日元。这样的做法有悖于常理，而要让这样极不合理的策略取得成功，无论如何都少不了一位关键人物。

1982年9月初的某一天，报纸上的一则招聘启事引起了一位男士的注意：“本杂志社专门出版与个人电脑相关的信息，现诚聘编辑。”

这位男士名叫桥本五郎，那时他刚从与贸易相关的出版社辞职，正在寻找新的工作机会，还是无业游民。桥本五郎时年37岁，是三个孩子的父亲，此前十分操劳，所以他想找一家值得为之奋斗一生的公司。同时，作为一名编辑，他也想再一次挑战自我。9月6日，桥本来到了千代田区4号街，在东乡公园附近的日本软银接受了面试。事务所一半都在地下，所以十分闷热，但人人都很忙碌。

给他面试的负责人宣称，想从10月份起推出新的杂志，为8比特的手提电脑（笔记本电脑）专门发行季刊*Oh! HC*。

“你后天就能来上班吗？”

桥本喜欢爬山，本以为就算求职成功，最快也要两周后才能入职，所以他早早排好了爬山的日程，此刻一时有些不知所措。虽然他对计算机很感兴趣，不过毕竟不是专家。但是，桥本对杂志出版十分热爱，编辑的斗志重新点燃，两眼也是闪闪发亮。于是，他9月8日就开始上班了，从零开始学习，着手编写稿件。10月12日，创刊号如期推出，并且广受好评。

小露锋芒后，桥本被提名为主编，并且第一次见到了孙正义。两人一见面，桥本大吃一惊。他的个子本就不高，而孙正义竟然比他还矮。

孙正义的脸色看起来很不好，事后才知道当时他正身患重病。然而，孙正义的全身依然充满了能量。

他说：“电视广告也要做起来。”

虽然退回的杂志堆积如山，但他竟然要把印刷量扩大一倍，而且还说要拿出1亿日元进行电视广告宣传。这可真了不起，桥本深感责任重大。

桥本当时就下定决心，就跟着这个男人搏一下吧。身为编辑，他想使出浑身解数来回报孙正义的热情。

桥本的感觉很敏锐，他修改了杂志的装订，把平装改为精装。然而，不管印刷品的质量有多好，缺乏知名度的话还是卖不出去。

孙正义和经营广告的电通进行谈判。在电视上给杂志打广告，这本身就很罕见，而且还是一家赤字累累的杂志社，这么做还有意义吗？然而，正因为现在处于劣势，所以不能消极防守而应主动出击。在孙正义的强硬交涉下，1亿日元的广告费被砍到了6 000万日元。

在和电通谈判后，孙正义直奔NEC，希望对方能拿出他买断广告的一半价格即3 000万，因为*Oh！PC*介绍的是NEC的PC系列。虽然困难重重，但是在NEC副总经理大内淳义的鼎力支持下，谈判还是取得了进展。面对孙正义的提议，大内很爽快地答应了下来："有意思，那就一起干吧。"

大内十分看好孙正义的未来，他于1996年谢世，也是孙正义的大恩人之一。

1983年2月，在涩谷十字路口矗立的电子广告屏幕上，所有频道都开始介绍*Oh！PC*。10万册杂志仅用了三天就销售一空，而且广告收入也增加了。编辑部一片欢声笑语，热闹非凡。之后的杂志销量也是稳步提升。

趁热打铁，*Oh！PC*后来发行量扩增到15万册，*Oh！MZ*、*Oh！HC*也是销量喜人，紧接着*Oh！FM*、*Oh！55*、*Oh！PASOPIA*、*Oh！HitBit*、*Oh！16*纷纷推出。这样一来，杂志社总共发行了八份杂志，四份月刊，四份季刊。

有一天，桥本五郎因为公事来到总部（虽然出版事业部在东乡公园附近，但总部因为业务扩大而迁到了九段上），在楼下他被孙正义叫住了。

"五郎。"孙正义轻轻地拍了拍他的肩膀，亲热地叫着他的名字，"*Oh！PC*很好看哪。"

"多谢夸奖。"

桥本带着和善的笑容低头致谢，心中也是大为欣喜。他庆幸自己找到了可以为之奋斗一生的工作，也很高兴遇上了可以以性命相托的人物。早春二月，阳光温和，孙正义也是满面春风。

后来，桥本一直做到出版事业部的常任董事。虽然如今他早已不在人世，但在生前，桥本曾对笔者这样评价过孙正义："孙正义对工作非常认真，但对人很随和。他是数字时代的先驱，抱着与我们相似的心态。能和孙正义生在同一时代，幸福感就会源源不竭地冒出来，我真是个幸福的人。"

CHAPTER 6

第 6 章

身体是最大的生意：迎战准绝症

面对死亡：顿悟商业实质

日本软银一帆风顺，或者可以说是势如破竹。从最初仅有三个人的公司起步，到1982年时，员工增至30人，业绩达到20亿日元。而到了1983年，公司迅猛发展，职员总计125人，销售额突破45亿日元。

孙正义每天也是忙得不可开交，双休日也不能休息片刻，睡眠大为减少。员工们也同样忙碌，有人因为在上班时间内无法完成工作而留宿公司，在沙发上或者睡袋里草草一躺了事。

孙正义一旦专注于某事，周围的一切他都充耳不闻、视而不见。他埋头苦干，有几天几乎是水米未进。一直睡眠不足，四肢开始乏力，他以为这是忙于工作的缘故。

于是，他给日本软银设立了定期体检的制度。孙正义自己也接受检查，过了一周结果公布，他不由得愣住了。

“需要复查。”

血常规的数值有些问题。一直以为是过于操劳导致四肢乏力，但身体并没有疲劳的感觉，倒不如说是没有气力。现实令人震惊，“异常地感到疲劳是肝功能衰退的结果”。肝脏的e抗原呈阳性，数值显示异常，这表明病毒正在大量繁殖，血液中的蛋白质含量很不稳定。于是，他马上前往著名的大学医院。

慢性肝炎，工作必须全部取消。如果不立刻住院的话，恐怕会有性命之忧。

“请马上住院，专心接受治疗。”主治医生的声音听起来很冷酷无情。

孙正义忐忑不安地问道：“您能治到什么程度呢？”

医生的脸上乌云密布。在那时，慢性肝炎还是不治之症，对此尚没有完全有效的治疗方法。

“如果慢性肝炎转为肝硬化，之后就是肝癌了。”

即便是孙正义，听到这里也是大气都不敢出，但他马上又问：“那还有多久……”

“这不好说，但是很有可能会在5年内转为肝硬化。”

孙正义住进了医院。

搭建软银新领导构架

“孙正义因为肝炎住进了医院。”

听到这则消息，好友陆弘亮立即飞到日本来看望孙正义。

看到久别的老友，孙夫人优美也不禁泪如雨下。对优美来说，现实是如此残酷，让人难以相信，丈夫才25岁呀。唯一可以稍感安慰的是，从表面来看，孙正义完全没有身患重病的样子。

见到知交，孙正义也下定了决心，把此前一直考虑的事和盘托出。他提议，对Unison World进行清算，然后转卖给陆弘亮，折合成日元大约有2亿。

身高187厘米的陆大惊失色，这么大的一笔金额，他一下子可拿不出来。孙正义继续建议，先找家机构寻求融资，然后一点点地还款。游戏软件靠推出新的游戏来吸引玩家，而一旦又诞生了别的游戏，它马上就会过去。

在成为公司老板之后，陆后来撤出了游戏软件行业，这是他经过深思熟虑后做出的英明决断。以研发对更多人有益的软件为目标，由此也能看出陆机敏的商业感觉，这也是从孙正义的身上学到的吧。产品也纷纷问世，有信用卡软件、日程管理软件等，还有销售达10年之久的软件，陆的远见卓识让人由衷佩服。

将公司的经营权转卖给陆弘亮，从中也可以看出孙正义十分重视友情，同时不失冷静判断，他是想由此开创新的命运。

当时，孙正义对所有员工都隐瞒了自己入院的消息。

日本软银也就等于孙正义。

“总经理去美国出差了。”

孙正义在公司内散布长期出差的消息。除了一小部分公司骨干员工，大部分职员都对此信以为真。

孙正义的心腹立石胜义当然是知情的。立石于1982年进入公司，在营业、资金收支、公司机构等所有方面都为孙正义出谋划策。由于此前孙正义频繁往返于日美之间，所以别说是客户，连很多员工都不知道他住进了医院。再加上心腹立石也说“总经理正在美国出差”，大家都是深信不疑。

有时候，孙正义也会走出医院，悄悄来到公司，脸上依然笑容不绝。他的办公桌后面摆了一张弹簧床，累的时候可以躺一下。而和立石一起坐车出去的时候，孙正义会躺在后排的座位，说一声“不好意思”，腿也架在了立石的膝盖上。立石是离孙正义最近的职员，孙正义难受他也不好受。

孙正义在全力抗争，看到他独自与病魔斗争，立石也很心痛。总经理一定能战胜病魔吧？他这么想并非是出于同情，而是对孙正义的绝对信任。

果然，e抗原的数值一点点地降了下来，医院也允许孙正义在家疗养了。

回到新宿区纳户街的家中，孙正义买了一台电脑，每天依然工作七八个小时。结果当然身体又吃不消了，于是重新被送进了医院。躺在病床上，孙正义觉得很孤独。

公司总算有点儿步入正轨的样子，但还不知道能不能挺过5年呢。女儿也才一岁半，为了新生的孩子，他很想活下去。可现实就是他每天只能看着点滴发呆，难道就这样老老实实等死吗？不知道病情到了什么阶段了，也不知道出院后会不会复发。克制着内心的不安，虽然日渐消瘦，他还是不放弃生的念头。

何谓人生？

我这一生究竟是为谁而活的呢？

为了自己？为了家人？

还是为了员工？为了客户？

可是，能不能让人活得越来越有意义呢？

不仅是为了个人和家庭，能不能为了更广阔的社会而活呢？

人生不是只有一回吗？

可以说，那时候孙正义也在拼命地探索人生的意义。

关于那段时期心中的痛苦，他后来对笔者明言道："晚上，病房里只有我一个人，我不禁哭了起来。倒不是治疗很难受，而是想想孩子还小，公司也才刚起步，为什么偏偏要在这个时候面对死亡呢？如果不隐瞒病情的话，银行的贷款马上也就断了，为此还得悄悄溜出医院去参加各种会议。那时候我彻彻底底地想过了，自己拼命工作究竟是为了什么。结论就是，给人们带来欢乐。"

即便卧病在床，他也无时无刻不想着事业。孙正义常常嘱托夏普的佐佐木正："如果您认识精通金融和市场销售的人才，就请介绍给我吧。"

于是，在有机会和时任日本保安保障公司（今SECOM，西科姆安保公司）的副总经理大森康彦一起吃饭时，佐佐木正也向孙正义发出了邀请。

孙正义在新大谷商务酒店的地下二层餐厅见到了大森。用餐中，他常常放下餐具，向大森描述自己的远大理想。

“真了不起啊。”

“承蒙夸奖，深感荣幸。”

对于事业，孙正义向来是慎重行事，考虑周全。即便是这样冷静的一个人，如果和初次见面的人情投意合，他也会过于相信对方说的话。这当然是他的优点，但有时候也会是缺点。

“对于创业型的企业家来说，因为喜欢新鲜事物，很容易忽冷忽热。我也知道这是我的缺点。”

反过来说，看到大森拥有自身所不具备的特点，孙正义也许不禁对他满怀期待吧。当大森来医院看望孙正义时，孙正义问他：“您能否帮我管理公司？”

大森时年52岁，比孙正义大了27岁。从庆应大学经济学院毕业后，他进了野村证券公司，后来升至国际部部长。1975年他出任日本保安保障公司的顾问，之后荣升副总经理，对股票、市场销售等经验颇丰。

日本保安保障的创始人饭田亮堪称日本企业家的代表，而他正是看中大森的管理能力而将其引为自己的左膀右臂。大森本身也是一个响当当的人物，风度翩翩，工作无可挑剔。

在犹豫了一下后，孙正义开口说道：“在我出院以前，我想请您担任公司的总经理。”

考虑到日本保安保障公司这层，孙正义还使了一招秘技。先让大森辞职，然后在猎头公司做好登记，过了一天以后，日本软银通过猎头签下大森。虽然费了不少周折，但孙正义认为大森值得他这样做。

孙正义当董事长，大森做总经理，两个人就像骑上了一辆双座自行车一样。

1983年4月，大森正式出任日本软银的总经理。在为大森举办的宴会上，孙正义和大森相互致意，笑容满面。但是，对于苦战病魔的孙正义来说，痛苦而漫长的旅程才刚刚开始。

MSX战役：博弈行业规则

命运有时候是何其残酷啊。1983年孙正义正为肝炎而痛苦万分，而这时在他的面前又一位天才横空出世，那就是ASKI出版社的西和彦。

西和彦的成长环境和孙正义迥然不同。他于1956年生于神户，比孙正义还大了一岁。他的祖父是私立须磨学园（神户市）的创始人，祖父母和父母都在该校执教，他们家族堪称是教育世家，身为长子的西和彦也是名副其实地生于书香门第。

从小他就顺风顺水，不知挫折为何物，直到两次报考东京大学失利，才不得已进了早稻田大学的理工科学院。进了大学的第二年，1976年10月，应计算机操作相关杂志Interface的编辑星正明之邀，西和彦与郡司明郎、塚本庆一郎一起创办了*I/O*。结果销量惊人，星正明专心投入到*I/O*的出版中去，而西和彦也初登计算机的舞台，很快成为风云人物。

1976年6月，西和彦邀请郡司明郎和塚本庆一郎一起创办了*ASCII*。一年后，西和彦迎来了重大的转机。他在大学的图书馆里看到一本协会的杂志，其中有一则新闻介绍说比尔·盖茨以BASIC语言编写用于个人电脑的软件。

“这个软件将会给计算机世界带来革命。”抱着对BASIC的浓厚兴趣，西和彦很想与盖茨见上一面。

1978年6月，在美国加利福尼亚州阿纳海姆市举办的全美计算机大会上，两人首次相遇了。可以说这也是命运的邂逅，同为22岁，且都对个人电脑时代的到来满怀憧憬，两人自然是意气相投。

之后，他们签署了一份协议，盖茨赋予西和彦BASIC在日本的销售权。这可是把以日本为中心的东亚独家销售权都给了西和彦的公司。按照美国的商业习惯，不需要律师介入，两人之间谈妥即可签约。

手握BASIC的独家销售权后，西和彦在日本电脑市场上也成了举足轻重的人物。迫不及待地想加入电脑市场的家电制造商们纷纷拜访西和彦所在的ASKI公司。

西和彦，人称“日本的比尔·盖茨”，他和盖茨也是亲密无间，两人甚至直接以“比尔”和“彦”相称。可以说，西和彦是应运而生的时代宠儿。

孙正义和西和彦的相识是在1977年的夏天，那时孙正义还是伯克利大学的学生。两人第一次正式见面是在大阪的松下电器产业总公司，为他们牵线搭桥的是松下的技术总部长前田一泰，不知为何那时前田说的是英语。

在和夏普签了电子翻译机的合同后，孙正义另外还在研发类似手提电脑的学习机，他来到松下就是为此签约的。

“我给你引见一位挺有意思的人……”

前田向孙正义引见了西和彦，当时两人只是简单地寒暄了几句，而他们再次相遇则是四年后的1981年。正义的日本软银才刚刚起步，而西和彦的ASKI已经大获成功。

一次偶然的机会，孙正义叫住了西和彦。而西和彦则问：“那时候用英语和我交流的人是你？”他对那个看起来挺有趣、又对翻译机颇为自负的韩国人似乎没什么印象了。虽然孙正义清清楚楚地记得自己见过西和彦，但西和彦对孙正义的印象仅仅是“这人挺犀利（头脑聪明）”而已。

日后，随着日本软银发展壮大，两人也发生了激烈的冲突。

I/O、*ASCII*、《微型计算机》三家杂志社联手拒绝给日本软银打广告的来龙去脉前文已做介绍，孙正义对此深感耻辱。

软件流通进展顺利，接下来需要开发小卖店和软件销售店，广告的作用极其重要，而拒绝刊登广告直接影响到企业的存亡。正是这个始料未及的挫折迫使孙正义进军出版业。对孙正义来说，这是让他难以忘怀的重大转机。在他的心里，何尝没有对蛮不讲理、冷酷无情的大企业心怀愤恨呢？

岂止如此，本身也在开发软件的ASKI甚至拒绝为孙正义的公司提供软件。

“只要一开口，肯定马上就会火冒三丈的。”

孙正义最讨厌的就是言而无信，无论多小的事，他都会信守诺言。拒绝刊登广告，拒绝提供软件，孙正义很难对此心平气和，他也不会坐视不理。但是，对他的冲击也是愈演愈烈。

1983年6月16日，作为微软总裁比尔·盖茨以及日本14家大型电脑制造商、家电商的代表，西和彦意气风发地召开了记者发布会：“我提议，建立MSX规格。”根据他的建议，所有的家用电脑都要统一为MSX规格。

在此之前，各机种的CPU（中央处理器）各不相同，编程语言也是千差万别，因此需要针对各机种单独开发软件。换言之，那时的软件还不能通用。此外，即便是采用同种编程语言的电脑，因为制造商各异，同样存在着差别，无法兼容。

要想使软件兼容，必须将CPU、编程语言及研发工具完全置于相同的条件下，这样一来，即便硬件各异，软件依然可以通用。于是，就有了后来被各家公司纷纷采用的DOS/V规格标准。西和彦提议的MSX正是与该规格兼容的操作系统。但是从客观的角度来看，他这么做是为了让ASKI称霸日本。

那时候，孙正义正卧病在床，听到这则消息后激愤异常，顿生同仇敌忾之心，正义感也是大为高涨。统一并非是开放状态下的统一，单凭这点就绝不容许。

一方面逼着各开发商夜以继日地研发软件，同时还向他们收取高额的专利使用费，这与其说是企业自私自利，倒不如说是欺负弱小吧？

虽然心不甘情不愿，但是统一规格也并非不可以，只是他不能接受微软借此掌握了个人电脑世界的支配权。眼下他还无法与微软抗衡，但是微软凭借这一手在电脑市场唯我独尊，这也影响了孙正义的全球化战略。

统一规格，孙正义本是这方面的先驱。他最早意识到，利益不能让一家企业独占，从大局来说这也是攸关日本前途命运的大事。但是，在孙正义看来，西和彦就是为了一己之利才谋划统一规格的。而更让孙正义感到屈辱的是，这一系列的行动都是在他不知道的情况下进行的。

微软开的条件是，规格统一的加盟费是3 000万至6 000万日元不等，平摊下来每台电脑的专利使用费高达数千日元。而日本软银与之针锋相对，加盟费只需要数百万日元，专利使用费几百日元就够了。

孙正义不能认同西和彦的做法，因为这缺乏公平。为计算机的未来着想，必须想尽办法阻止西和彦。

躺在病床上的孙正义决定要和西和彦正面交锋了。一对宿命的对手终于相遇了，那时距大森出任日本软银总经理一职仅仅过了两个月。在“天才西和彦”与“神童孙正义”之间，硝烟弥漫，岩浆四射。

6月21日，天降大雨，但孙正义毅然跑出了医院，那时他义愤填膺，连自己的病都顾不上了。他召集了21家电脑制造商，当着他们的面高声宣布：“我们也要提出另一种规格。”

会场欢声雷动，在场的人谁都没有想到孙正义竟然身患重病吧？

而在前一天晚上，孙正义与西和彦在旅馆里谈过一次。

“跟我一起干吧，专利使用费算你便宜点。到明天早晨10点前，我等你电话。”西和彦劝说道。

于是，孙正义拨通了西和彦的电话：“从现在开始，我们全面开战。”

内部谈判至此破裂。

散会后回到医院，孙正义一下子倒在床上。他决心已定，就算吐血数升也要打败MSX。而西和彦也是不甘示弱，作为调解人，松下电器产业的担当部长走进了病房。

孙正义原本就无意与西和彦争吵，就算争吵，那也是为了计算机产业的未来。

“西先生倡导的MSX不管是硬件还是软件都要向开发商收取高额专利使用费，这样的规格只是对ASKI和微软有利。请你转告西先生，让他免费开放规格，否则我们也会提出新的规格来。”

6月26日深夜至27日凌晨，孙正义与西和彦又进行了一次顶级会谈。

向硬件开发商公开规格（CPU种类、接口、记忆容量、型号等），软件制作数据完全公开，两人的交锋以西和彦的这些让步而宣告结束。

面对“天才西和彦”，“神童孙正义”毫无惧色，坚决倡导自己的主张。而媒体给两人的封号“天才”和“神童”是不是弄反了呢？因为“神童孙正义”成长起来后也并非“泛泛之辈”。

1983年，电脑的年销量突破100万台。孙正义描绘的未来正切切实实地步步走来。

勇于尝试新疗法，绝处逢生

1983年年末，孙正义的病情完全没有好转的迹象，时好时坏，令人揪心。躺在阴冷的病房内，凝视着窗外，孙正义深感造化弄人。是这样老老实实等死，还是搏一下新的治疗法？

孙正义的想法难免悲观。还能迎接新春吗？就算挨到了春节，这身子也是接连受罪，恐怕想去哪儿都难了呀！

孙正义读了不少肝脏主治医生发表的论文，拼命寻找能治好自己的医生或治疗法。但是，拯救孙正义的却是一个谁都没想到的人——熊田医生。

熊田医生的人生之旅也并非一帆风顺。他的小学、中学和高中都是在岐阜度过的，优秀的少年以当地的医科大学为目标也是理所当然的事。从岐阜大学医学院毕业后，他来到虎之门医院病理学科从事研究，之后转到了消化科成了一名临床医生。

1979年，在给一位63岁的女病人治疗的过程中，熊田不经意地发现了可疑之处。这位患者是慢性肝炎，于是按照传统治疗法一直给她服药，结果一点儿变化也没有。虽然一般人对此不以为然，但是熊田却没有错过机会。而且突然某一天，患者体内的e抗原竟然消失了，他大为震惊。

为什么会这样？熊田拼命展开跟踪调查，是在服用中药吗？多方调查之后，他终于弄明白了。患者入院时的确服用护士送来的药物，但是出院后就停止了服药，一口都没喝过。

中止服药反而能让e抗原消失，这到底是怎么回事？身为研究员，熊田既缜密又细心。急性肝炎可治，慢性肝炎不可治。出院后的老人也许是因为停止服药，反而获得了免疫力，所以e抗原消失，慢性肝炎也治愈了。

因此，首先在短期内服用类固醇药物，抑制免疫力。然后停止用药，引发急性肝炎，再一举治疗成功。这确实是一种赌博式的治疗方法。

将慢性肝炎转成急性肝炎，然后加以治疗，这确实是一种逆向思维。以往的主流方法是不停地使用类固醇药物，以避免病情恶化。但是，熊田敢于挑战新方法，并取得了戏剧性的效果。（这位医生真是饱含热情、深入钻研呢。）

1981年，熊田掌握了慢性肝炎的新型治疗法，并将这个“类固醇脱离疗法”公之于众。但是，他的新方法不但没有被大家认可，反而还遭到了众人一致的批判。短期内抑制药效，让患者病情恶化，这可不是治疗的方法，这样的意见占了压倒性的多数。

虽然极少数医生对此表示感兴趣，但日本肝脏学会的会员基本都投了反对票。这种新型治疗法引起了激烈的争论，甚至登上了报纸，而且正好又被正义的父亲三宪看到了。三宪虽然不清楚这方法效果如何，但是很快就给儿子打去了电话。

“去看看熊田医生吧，你说呢？”

看到父亲如此惦记自己，孙正义也是喜极而泣。但是，正义对换医院有些抵触，毕竟现在的医院也在竭力为他治疗，他把命也交给了他们。患者和医生之间的信任关系已经确立，再说就算换了医院也不能保证就可以治愈。

“必须赌一下了，看看有没有可能吧。”三宪的话很有说服力，孙正义听取了父亲的意见。

1984年1月，新年伊始，孙正义来到虎之门医院接受熊田医生的诊断。

“我从报纸上看到了医生您的治疗法，我的病还有治吗？”

在狭窄的门诊室内，孙正义坐在椅子上，身体蜷缩着，声音却有力地回荡着。

熊田医生时年37岁，虽然还是默默无闻，但自信满满，也满怀激情。

“让我试试吧，不管怎么说，不试试看怎么能知道呢？”他平静地说道。

看到孙正义的病历后，熊田大吃一惊。如果人体健康的话，e抗原值为零。而从孙正义的e抗原来看，病毒猖獗而且十分顽固，肝脏正逐渐受到侵蚀、损坏。

抗原值分低、中、高三个阶段，而孙正义的数值超过了200。慢性肝炎的恶化顺序是轻度、中度、重度、肝硬化、肝癌。这时的孙正义显然是重度慢性肝炎，离肝硬化已经是近在咫尺。他腹中积水，5年内就会转为肝硬化。

孙正义正襟危坐，询问熊田医生：“我的病有治吗？”

“我有七八成的把握。”熊田的回答倒也干脆。

被视为不治之症的慢性肝炎竟然能治，孙正义也是激动万分，身子微微颤抖。之前为他治疗的名牌医院也拿不出什么有效的方法，无非是勉强维持现状而已。

孙正义对熊田说：“无论要花多久时间都没关系，医生，请为我治疗吧。”

熊田微微一笑：“让我试试吧。”

这时候孙正义切实地感受到自己还活着。

（身患不治之症确实很痛苦，过了今天还不知道有没有明天。虽然熊田的治疗法完全有悖于传统，看起来是异想天开，但说不定可以改变人的命运。我自己做的那些事和熊田勉为其难地做研究相比，不是有相似之处吗？）

孙正义的心中顿时豁然开朗。回到原来的医院后，孙正义提出了转院的要求。不愧是正人君子，他绝口不提熊田，仅仅表示了感谢：“我决定转院，感谢你们之前对我的照顾。”

1984年3月13日，孙正义转到了虎之门医院川崎分院。妻子优美寸步不离地照看着他，也安慰着日渐消沉的丈夫。见时机成熟，熊田医生开始实施类固醇脱离疗法。3月17日，治疗正式开始。先在短期内使用类固醇药物，一停止用药，e抗原也一点一点地少了下来。

通过数值可以一目了然，在孙正义的体内，觉醒的免疫力和e抗原开始搏斗起来。但是，孙正义的神情依然凝重。在此之前，治疗只会让他一次次地失望。

在徘徊于生死之间的时候，医生的话语有时也让他感到绝望。因此，对于熊田医生，孙正义的脑海中依然打着问号：熊田医生会不会也辜负我的期待呢？

熊田一来查房，他就忐忑不安地问“能治好吗”“病情好转了吗”。自从住院以来，孙正义每次开口问的就是这两句话。

熊田一直只是把孙正义当作普通病人来对待。但是，每每诊断时，他总能感受到孙正义抗争病魔的斗志，而孙正义意志之坚强也远远超出了医生的想象。让医生能有这样的感受，从某种程度来说，孙正义堪称病人的楷模。对他的提问，熊田则微笑着回答：“数值看起来不错，恢复得很顺利嘛。”

但孙正义可一点儿都笑不出来。熊田一离开，他就拉上窗帘，躺在床上凝视着天花板。孙正义长叹一声，这两年他都是这么过来的。而且，现在他又回到黑暗的包围中了。

一线曙光投射下来，那天是5月9日，黄金周已进入尾声。孙正义的e抗原值降到50以下，接近正常标准了。

“医生，病情好转了吗？”孙正义继续问熊田。

“不错，一定会好起来的。”

接下来，数值忽高忽低，治疗也到了关键时刻。按照传统的治疗方法，e抗原如果下降，就要不间断地用药。但这样只是遏制病毒的活动，并不能将它们完全消除。因此，一旦停止用药，病毒会不会猖獗起来呢？这是一场豪赌。

根据以往的病例来看，这番激烈的变化一般要在停药后4个月才会出现，最长甚至要6个月。而孙正义的数值在用药第二个月就急速上升，这表明慢性肝炎很可能已经转成急性肝炎了。进展正如预料，这一场豪赌总算是赢了下来。

“一定会好起来的。”熊田的话语掷地有声，孙正义也安心卧床静养。他再没有像以前那样为了工作而溜出医院。他把所有的精力都集中到命运的赌博上来了。病房窗台朝南，而孙正义的病床就在窗边，他日复一日地躺在床上看书。这段时期，从漫画到史籍，他总共看了3 000多本书。

虽然中学时期就曾拜读并铭记于心，但这段时期最让他感动的书籍依然是司马辽太郎的名作《龙马奔走》。孙正义十分憧憬坂本龙马那痛快潇洒的一生。龙马选择脱藩，这在当时是大逆不道之罪，甚至亲人也会受到牵连。因此，龙马的二姐自杀，而把龙马养大的三姐坂本乙女也和他断绝关系。

重读《龙马奔走》，年少时还不能理解的部分至此也是大彻大悟。因为被刺客暗杀，龙马只活了33岁，可谓英年早逝，但是他燃烧的生命极富价值。龙马的一生深深打动了孙正义的心灵。天将降大任于斯人也，而为此献身至关重要。

孙正义的体内生命力再度沸腾起来，而午后的阳光也照进了病房。孙正义仔细地体味着生命的喜悦，在他看来，每一天都是上苍的恩赐。

等到完全康复了，他真想展翅高飞，尽情遨游。当时，关于将来把企业做大做强这点，他也已经成竹在胸：要公开发行股票，为新的产业注入资金。美国也在他的视线之内。

他也想在度过青年时光的美国土地上经商。在美国，人人怀着功成名就的梦想，他想和这样势均力敌的对手一较高下并取得成功。这并非天方夜谭，更确切地说，他甚至还有几分胜算。但是，眼睛只盯着美国就行了吗？在美国取得成功只是他既定计划的一小部分。早晚他要登上世界的舞台，实现他的全球战略，他要把日本软银变成“世界软银”。

从5月20日开始，孙正义的e抗原开始逐渐减少，这个转变连熊田也很意外。6月1日例行查房的时候，熊田一如既往地笑着对孙正义说：“e抗原渐渐少了下去，快要消失了。”

而孙正义只是简短地回答道：“啊，是这样啊。”

对于这样的剧变，孙正义自己也是难以相信。

熊田微笑不绝，而孙正义的e抗原越来越少，最后终于完全消失了。

“孙先生，e抗原总算完全消失了，您可以出院啦。”

在熊田的印象中，躺在病床上的孙正义从来就没笑过，表情总是那么僵硬。而这时，他第一次露出了笑容：“医生，这是真的吗？”

孙正义的声音素来平和，但此刻也忍不住提高了嗓音。他紧紧地握着熊田的双手："医生，太谢谢您了。"熊田的手很温暖，他可是自己的救命恩人呀。

孙夫人优美是怎样照顾这段时期的孙正义的呢？

孙正义在虎之门医院川崎分院住了3个月，而他在前一家医院则受了两年半的罪。在被告知身患慢性肝炎后，他也已经做好了面对死亡的心理准备。

孙正义陷于绝望的深渊中，是熊田医生把他拉了上来。对于和病魔斗争的孙正义来说，家人的关爱是对他的最大支持。

当时优美正怀着两人的第二个孩子，自己都很虚弱，却依然忘我地给孙正义打气："你一定会好起来的。"

为了即将出生的宝宝，一定要活下去！正是抱着这样的念头，孙正义和病魔艰苦斗争。对家人的思念也赋予了他战胜不治之症的神奇力量。优美比任何人都期盼孙正义能早日康复。孙正义的思念不也是优美的祈愿吗？

6月7日是孙正义出院的日子，他面带笑容，由衷地感谢熊田医生："医生，这样就没事了吧？"

而熊田医生对每一个出院的病人都是这么回答的："没问题。"

虽说没问题，但还是不能大意。人体毕竟不是机器，谁也不知道会发生些什么。因此，从那以后，孙正义依然严格遵守熊田医生的指示，每隔2个月就会接受一次定期体检。

"已经没问题了。"在1984年行将结束的时候，熊田医生终于打了包票，"可以说完全康复了，接下来半年做一次检查就行了。"

孙正义在百忙中抽空来找熊田医生做检查，因为他对熊田深信不疑。"一见到医生您，我就放心了。"

与其说他是来做检查，倒不如说是来见熊田的。孙正义这么做也是不想忘记向救命恩人表示感谢。

熊田对孙正义也是怀着很高的敬意。"在我看来，所谓治病，基本上靠的是病人自身的生命力。从孙先生的身上，我能感觉到很旺盛的生命力。"

孙正义与病魔抗争已有3年，漫长的住院生活至此总算画上了句号。

CHAPTER 7

第7章

互联网通信时代到来：转战局域网

整顿管理乱局：软银再出发

虽然考虑过出院后每周只工作三四天，但是孙正义却没能那么悠闲。他一回到公司，便有一堆难题等着他解决。对于大病初愈的孙正义来说，这绝对是意想不到的精神负担。

在孙正义不在的期间，日本软银就像在海上迷失方向的船只一样。当然，在住院期间孙正义也会收到公司的报告。孙正义的左膀右臂，尤其是那些劳苦功高的骨干员工一个个被解雇了。从创业以来一直站在公司第一线、堪称功勋卓著的立石胜义当时也被调到了大阪的营业所，在高层里已经没有孙正义熟悉的面孔。

日本软银原本就是凭借孙正义的一己之力创立起来并得到迅猛发展的，这样的组织机构难免充斥着矛盾和混乱，但也是孕育能量的源泉。

在孙正义住院期间，立石胜义默默地服从大森的人事调动命令。当时，为孙正义着想的念头占了上风。回首往事，立石胜义说道："我觉得大森有些轻视孙先生，所以从外界聘请了专家，大刀阔斧地改革企业制度。公司裁员也很厉害，自从他来了之后，好像也就改了改公司的组织形式，很难说是好还是坏……”

出版部的桥本五郎也常听到老主顾们这样抱怨道：“最近的日本软银好像不大对头。这企业可是孙先生创立的，我们可是冲着他才来做生意的啊。”

对于公司的现状，夏普的佐佐木正也是看在眼里，他觉得事态必须得到控制。据佐佐木正回忆：“卧病在床的小孙正义看到一份份报告，长叹一声‘糟了’，然后情绪也跌到了谷底。”

见孙正义一门心思和病魔搏斗，佐佐木正不敢把真相告诉他，而前来探望的骨干员工想必也没有向他诉苦。

对一个企业来说，需要全体成员齐心协力拼命工作，同时削减开支、提升利润。正是因为大家都抱着同样的念头，日本软银才得到了飞速成长。想想自己不在的时候那些骨干员工忍受了多少艰辛，孙正义对此感同身受，痛彻心扉。

在一心想打造大型企业的大森看来，日本软银徒有虚名，根本不能算是正规公司，于是他照着自己的想法着手改造。骨干员工从创业以来就追随于孙正义的左右，对大森的方针他们百思不得其解。

大森还说孙正义的坏话，躺在病房中的孙正义甚至收到了这样的报告。而孙正义想的则是：如果对我的立场和存在心存不满，那么大可以当面说出来。贬低他人，一味责备，这样并不能取得进步，争权夺利和反目成仇也并非他的本意。

但是，现在我们正遭受着千难万苦，我必须出面制止这一切。面对困境，孙正义的战斗精神熊熊燃烧。孙正义的内心激起了巨大的勇气，在伯克利和朋友陆弘亮创业时、回到日本创立日本软银时的那股热情彻底复活了。

孙正义对笔者说：“那时候，大森说的话有些我还是理解不了。但是，如今回顾过去，必须承认，我从他身上学到了很多东西。随着时间的流逝，这种念头也是越来越强烈，我很感谢他。”

话语谦虚，绝不指责对方，这就是孙正义的风格。

适配器研发：从稻盛和夫手中要回合同

不仅是像日本软银这样的小企业需要面对难题，时代发生了巨变，当时整个社会都掀起了波澜。

孙正义对数字信息社会的到来早有预见，那么为此该如何应对呢？他在董事会上发表演说：“今后还是信息内容的时代，尤其是数据库将成为关键，如果我们不能早做准备的话就要落后了。”

但是他的这番展望和日本软银原本的业务领域大相径庭，因此遭到了管理层的强烈反对。无论他如何游说，结果依然毫无改变。

1982年，中曾根康弘内阁发布“第二次临时行政调查会（临调）”的报告，多项决议由此实施，其中最引人注目的是将日本国有铁路（国铁）分割民营，以及使日本电信电话公社（电电公社）民营化。

1985年4月1日，随着电电公社民营化，日本电信电话股份公司（NTT）正式成立。对于这样汹涌的时代变化，孙正义不可能毫无察觉，他马上展开行动。可没有时间犹豫不决了。

1984年，孙正义不顾管理层的强烈反对，毅然将1亿日元投进数据网的建设。当然，这是因为他预见到数字信息社会已经近在眼前的缘故。

孙正义创立购物信息杂志*TAG*，但是事与愿违，杂志完全卖不出去，公司一下子背上了1亿日元的赤字。虽然在电视节目及公交车都打上了广告，但销量就是上不去。

听取了多方意见，结果也没见好转。孙正义有言在先，如果半年后销售仍没有起色就毫不犹豫地停办杂志。于是，杂志如约停刊。

“所有的责任都由我承担。”

半年赤字累积达6亿，再加上扫尾的4亿，总计10亿日元，堪称是一笔巨债。回到新宿纳户街的家中，孙正义罕见地向妻子优美挑明了眼下的困境，而孙夫人怀疑自己是不是听错了。

日本软银好不容易才有了1亿日元的盈利，绝不能让企业蒙受损失，那除了出售自己持有的股票，孙正义也别无选择了吧？

想想自己大病初愈又背上了一辈子都还不清的巨款，换成一般人早就心灰意懒了吧？但是，孙正义并非常人可比。他胆识过人，无论发生什么事都不为之所动。不对，身陷困境之时方能体现个人的能力，他积极地思考，直面难题。

“我要想办法挣10亿日元。”

但是，两天、三天过去了，依然无计可施。于是，他转换了视角。

此时，新电电率先叛变NTT，第二电电（今KDDI）、日本TELECOM（今软银TELECOM）、日本高速通信（今KDDI）等也纷纷诞生了。

孙正义遇见了后来和他亲如一家的大久保秀夫，当时他效力于新日本工贩（今Forval公司）。

大久保26岁的时候就建起了公司，专卖各类通信设备，如电话、传真机等。1988年即34岁那年，他获得了社团法人关东New Business协会的“第一届企业家大奖”。同年，他也在场外交易市场[1]上市，成为名副其实的新兴创业家。大久保比孙正义年长三岁，原本想做名律师，但是两次参加司法考试均告失利，也是一个经历过挫折的奋斗者。

新日本工贩的软件是向日本软银购买，两家公司具有业务往来，但两人

1 场外交易市场，又称otc市场、柜台交易市场或店头市场，是指在证券交易所外进行证券买卖的市场，主要由柜台交易市场、第三市场、第四市场组成。

此前从未见面。孙正义和大久保的第一次见面，地点约在东京涩谷新日本工贩的总部。

但是，约定时间已经过了20分钟甚至30分钟，孙正义依然没有露面。虽然打来电话说中途走错了路，但最后毕竟迟到了40分钟。大久保本身也是个大忙人，他心想，这种连时间都把握不好的人怎么能让人放心呢？

而孙正义一坐下，连初次见面之类的客套都省了，直接对大久保说："如果想做交易的话，请全部交给我的公司吧。"

这人姗姗来迟且不说，怎么一来就这么说话？

"这和女人一样，如果三心二意的话，很难引起别人的兴趣吧？大久保先生，现在可是最好的时机啊，让我们联手经商吧。"

把想说的话一下子说完，孙正义就回去了。那时大久保有一种说不出的痛快。这人虽然身材矮小，但是胆识过人，真了不起。

几天后，孙正义突然接到了大久保打来的电话："今天有空吗？无论如何想见你一面。"

"这么突然？事先没有预约的话我也很为难啊……晚上倒是有空。"

孙正义和大久保很快敲定了时间，在临近深夜时，两人在东京永田街见面了。

一见面，孙正义就问大久保："我们结婚吧？"

孙正义的眼神看起来不像是开玩笑，但是这话问得实在奇怪，连在商界身经百战的大久保也一下子愣住了。

"你这是什么意思？"

事后大久保对笔者说："如果换作别人，我肯定会想，开什么玩笑。但那人就是有一种不可思议的魅力。"

见过孙正义的人，尤其是和孙正义进行过商务谈判的人，都向笔者感叹过孙正义那"不可思议"的魅力。

"你知道C&C（计算机&通信）吗？我想，现在计算机产业的No.1就是我们日本软银了。而通信方面，除了NTT就属贵公司了。我们俩现在的会面不正是头牌和头牌的相会吗？总之，现在到了我们两家公司必须联姻的时候了。”

孙正义继续说道：“你知道新电电吗？这正是你大久保先生的业务领域吧？但是如果离开了计算机，那也是搞不起来的吧？所以怎么办呢？我有一个好主意……”

当时，成立不久的新电电一方面设备齐全，同时也从NTT中彻底独立出来，重新争夺客户。但是，作为后起之秀，有不少问题也必须得到解决。这些都是陈年旧事了，在今天看来或许很不可思议。那时，为了使用廉价的线路，打电话时，在对方号码前还要加拨四位数字。由于区域各异，有时线路还连接不上，而且有时候新电电的价格要比NTT高。就算明知新电电具备优势，客户在打电话的时候也要一一去查NTT及新电电等三家公司究竟哪条线路更便宜。如果不能解决这个麻烦，那么顾客就难以增加。

那怎样才能解决呢？如果能研制出一个适配器，无须加拨四位数字，就像平时打电话一样，只要一拨号码就可以自动找出新电电最便宜的线路，然后进行连接，问题也就迎刃而解了。虽然谁都能想到这一点，但要把它变为现实，依然面对巨大的困难。

孙正义每晚都和大久保见面，就像是一对欢度蜜月的新婚夫妇。见面的时间是每晚工作结束之后，8点、9点，有时候甚至10点。然后一谈论就到深夜，分别时往往已经是一两点了。

在周围的人听来，两人的讨论都是一些怒吼和争吵，因此谁都不敢靠近。孙正义对大久保寸步不让，大久保对孙正义也是据理力争。两人剑拔弩张，也根本就容不下第三个人的存在。新日本工贩的副总经理察言观色，有时也会静静地端来咖啡。

在征得大久保的同意后，孙正义立刻联系了专利事务所。先前的经验也正好派上了用场，他查询这样的设备是否已有人发明出来。确认之后，孙正义当天就写好了专利申请表，把创意详细地记录下来。

另一方面，孙正义和新电电的管理层见了面，请他们签署了保密协议并做了说明。听了孙正义的发言，大家一片愕然，何况孙正义信誓旦旦地保证两个半月就能研制完成。而他果然信守诺言，如约研发出世界上第一台适配器。

1986年12月24日的圣诞节平安夜，孙正义和大久保把这个适配器装在“NCC BOX”上，卖给了稻盛和夫。稻盛和夫名义上担任京瓷（KYOCERA）的董事长，实际上是第二电电的老板。

稻盛和夫1932年生于鹿儿岛，27岁建立京瓷（当时名叫京都陶瓷股份公司）。公司产品小到半导体、电子元件，大到组装品，种类繁多。此外，他还主办盛和学校，专门培养年轻企业家。他是培育了京瓷和KDDI的大企业家，65岁时退出一线，在临济宗妙心寺派江户道场圆福禅寺剃度出家。

在京瓷总部的会议室中，聚集了以稻盛和夫为首的骨干职员，大约有20人。而29岁的孙正义和32岁的大久保秀夫面对的，是时年54岁、刚出任京瓷董事长不久的企业雄主。

听了孙正义的发言后，稻盛问道：“因为我方已经买了50万个，所以可以只卖给我们吗？”

话语听起来彬彬有礼，背后实则暗藏玄机。而且稻盛的言下之意和孙正义他们的想法正好相反。按照孙正义的计划，适配器的销售和租借不只局限于第二电电，也向其他公司开放：“第二电电只是其中之一，其他公司也可使用。”

但是，第二电电坚决主张购买适配器本体，一步也不肯退让。双方无法谈拢，会谈进行了10个小时，时钟已指向了晚上9点。这时，稻盛体现出他作为老辣商人的一面：“贵方是不是想错了？”

花20亿日元买50万个，这已经是稻盛能开出的最优惠条件了，而且这还是认为日本软银和新日本工贩的前景值得期待的结果。迫于稻盛的压力，孙正义和大久保答应了“仅向第二电电出售适配器”的条件并签了协议。

这一仗，孙正义和大久保一败涂地。走在街上，铃声叮当直响，回到旅馆，孙正义也是罕见地垂头丧气："大久保先生，这下可惨了。"

两人度过了一个不眠之夜。第二天早晨，他们来到了稻盛的家。"仔细想了想，您能把昨天签的协议还给我们吗？"

连孙正义也是缩着身子，声音不住地颤抖。虽然很想在新电电上赌一把，但被人逼着签约终究还是心有不甘。稻盛虽然对此严厉斥责，但还是把协议还给了他们。两人坐新干线从京都回东京，一路几乎没怎么开口。

最后，孙正义怔怔地对大久保说："算了吧。"

结果，他们成功地把适配器卖给了TELECOM，签订了OEM[1]（代工生产）协议。不知是不是巧合，第二电电很快也研发出了同类适配器。而孙正义研制的适配器则以日本TELECOM的名义销售，这给他的数据网以及新日本工贩带来了数亿日元的专利使用费。

孙正义一下子就还清了巨额负债。但是，对他来说，与稻盛和夫的谈判失利让他更有收获。艰苦的谈判让孙正义得到了成长。

扭亏为盈：攻坚出版事业部

孙正义长着圆圆的脸蛋，也可以说是娃娃脸，身材矮小，看起来很平易近人。但是，他体内蕴藏着深不可测的能量，而且有时候爆发起来也是威力惊人。不管是怎样的事，孙正义都是满怀热情、拼了命地去做。每个企业家都具备这样的性格和气质吧？

---

1 OEM生产，即代工生产，也称为定点生产，俗称代工。品牌生产者不直接生产产品，而是利用自己掌握的关键的核心技术负责设计和开发新产品，控制销售渠道，具体的加工任务通过合同订购的方式委托同类产品的其他厂家生产。之后将所订产品低价买断，并直接贴上自己的品牌商标。

对孙正义来说，出版业是无可取代的商业活动，也是他生存的标志。

“我认为，撤销出版事业部会更好。”在日本软银的管理层会议上，一位董事提议道。

随着公司经营壮大，出版事业部的盈亏情况也受到了严格的审核。软件事业部和出版事业部是日本软银的两大支柱，但出版事业部的赤字累计已达2亿日元。

当日的议题是：“今后出版事业部该何去何从？”

董事长孙正义和总经理大森康彦并排而坐，注视着会议的进行。

“出版事业部已经想尽了办法，但是业绩依然没有提升，还是放弃吧。”

大森和其他董事纷纷表达了撤销部门的意见。孙正义目光炯炯地盯着他们，克制住内心的激动，强忍着没有反驳。

出版事业部是自己凭着一腔热血建立起来的，难道眼睁睁地看着它被废弃吗?

孙正义挺进出版业完全是从零开始。他每天为此奔走忙碌，在大型交易商——东贩和日贩开了账户，更获得了电通、NEC等公司的大力支持，这才使*Oh！PC*顺利创刊。他对出版事业部感情深厚也是理所当然的。它就像是他养育的孩子。

数字信息时代一定会到来，它已经近在眼前了。不，何止近在眼前，它早晚都会降临，不在今天就在明天。正因为形势紧迫，出版才会成为巨大的支柱。而正因为如此，我们更应该反过来想想出版物上所刊登的信息。这类信息将会给今后的数字信息社会立下决定性的功劳。这些你们明白吗?

孙正义终于开口了：“我反对放弃出版，这是管理方法的问题。”

在一年前，出版事业部还是财政盈余的，因此，只要改革就能重振雄风。孙正义决定亲自出任出版事业部的代理部长，与会成员都为他捏了一把汗。

一定要扭亏为盈，抱着这样强烈的念头，孙正义认为，只要从观念上开始改变，就一定能取得成功。

首先要让大家重拾信心和斗志，这样无论什么事都能做成。孙正义立刻把编辑人员和管理者召集起来，桥本五郎也是其中之一。

当时，桥本五郎虽是编辑部主编，但上头还有局长以及出版事业部部长，做事难免束手束脚，很难按照自己的想法开展工作。桥本主办的*Oh! PC*虽然略有盈余，但另一本杂志收支勉强相抵，剩下的六册杂志就都是大幅度的赤字了。

孙正义向大家提问："请大家想一想，究竟是什么原因导致出现了这么大的赤字？"

众人的表情瞬间变了，孙正义接着说道："如果不能消除赤字的话，我决定停办杂志。"

这话让大家不寒而栗，他们不敢相信，平日温文尔雅、对属下关怀备至的孙正义竟会做出这样的决定。

"我们要调整开支，这意味着需要降低成本和裁减人员，具体由各主编负责。"

裁减人员的观点遭到了桥本五郎的强烈反对："我们大家一直都很努力。如果这样业绩还不能好转，那么降低成本和裁减人员也是无济于事。您突然下这样的命令，我不能接受。"

此前桥本一直二话不说地执行孙正义的决定，这时他却当面提出了异议。他有理由提出不满，在他看来，自从孙正义病愈归来后，大家不都是团结一心、努力工作着吗？

孙正义脸色平静，但语气却越来越尖锐："我把杂志看作自己的孩子，天下有哪个父亲会讨厌自己的孩子？"

孙正义这么做也是为了激励大家。但是桥本却一反常态，不依不饶："如果说董事长是杂志社的父亲，那么我就是*Oh! PC*的父亲。如果您还是听不进去的话，那我们只好告辞了。"

桥本一起身，其他员工也一起跟着他向外走。背后传来孙正义的叫声："等一下！这样我们岂不是什么都没谈？我们双方从一开始态度就不好，所以才会弄成这个样子吧？”

听到孙正义这么说，桥本的心底暗暗响起一个声音——这人真了不起。

对于孙正义拿定主意的话语，桥本也毫无畏惧。而孙正义期待的正是桥本这样的反对意见。连桥本这样的心腹都当面顶撞起来，这不正好让大家明白事态有多么严重吗？

为了扭亏为盈，孙正义也是想尽了一切方法。

编辑们只在意杂志的内容，却对创利漠不关心。每周，孙正义都要责问大家：“事到如今，你们说说该怎么办。”

会议每周召开一次，孙正义连细微的数字也不放过。虽说是每周一次，但在桥本等人看来就像是每天一次。

各编辑部的业绩就此打开了局面。编辑部成员不仅着眼于编辑工作本身，同时也要为部门盈利献计献策。大到广告经费，小到桌子上的每个文具，大家都十分注意削减开支。效果立竿见影，很快通过数字反映出来。半年后，大部分杂志都实现了盈利。

孙正义重新回到了总经理的职位，1986年5月20日，公司在皇宫酒店为他举办了盛大的就职晚会。

孙夫人优美也很罕见地在公开场合抛头露面，她站在孙正义的身边，向每一位来宾微笑致意。

“回到家不准说工作上的事。”严守夫人的吩咐，孙正义素来把家庭和工作分得一清二楚，只是这一刻他很想和妻子分享胜利的喜悦。

1986年年末，在出版事业部的辞旧迎新晚会上，孙正义发言说：“大家确实非常努力……”

他的声音哽咽了，眼泪也流了下来，员工们还是第一次见到孙正义落泪。

结识比尔·盖茨：夺下他最喜欢的杂志的日语版权

1987年，比尔·盖茨与西和彦分道扬镳，计算机行业突然迈入“战国时代”。

盖茨为什么会与西和彦决裂呢？在孙正义访问盖茨、提到这个问题的时候，盖茨回答说：“因为ASKI和我追求的东西不一样。”

那么，孙正义又为什么会飞赴美国、访问盖茨呢？

当年7月，孙正义为了创办杂志《计算机》而飞到美国。此前还没有介绍计算机使用的杂志，所以这是第一份介绍计算机的商业杂志。

出发时还没和盖茨约定，孙正义在该杂志主编稻叶俊夫（后软银出版的副总经理）的陪同下，到达了西雅图的旅店。给盖茨家打了电话，总算一切OK。

这次拜访也是孙正义和比尔·盖茨的第一次会面。由于要问的东西实在太多，孙正义和稻叶事先对提问斟酌了一番。

在见面前，孙正义对盖茨的评价是：“创造奇迹的人，80年代最杰出的成功人士。”听起来挺有心怀梦想、矢志追求的味道，孙正义也许是把自己的梦想投射到比尔·盖茨的身上了吧。

当时，微软作为一股新兴势力狂飙突进，而另外有一个人——斯科特·马可尼里，他统率的Sun Microsystems被誉为第二代工作站，从中又反映出怎样的梦想呢？孙正义对此也是颇有兴趣。

微软总部设在华盛顿州西雅图附近的雷德蒙市，坐落于郁郁葱葱的树林之中。虽然当地多雨水天气，但孙正义来访的那一天却是晴空万里。

孙正义与比尔·盖茨相互微笑致意。在桌子的一头，盖茨一身休闲打扮，内穿粉白相间的条纹衬衫，外套暗红色毛衫。而在另一端，孙正义则穿了一件灰色的西装夹克。

盖茨的办公桌上，资料摆放杂乱无章，还有一个地球仪和三台电脑。三台电脑的开发系统分别是Windows、Max+Plus和Max+Plus II。

孙正义开始提问，一个又一个尖锐的问题纷纷抛向盖茨。美国的计算机产业前景如何？在日本，微软和ASKI为什么中止合作了呢？孙正义就像一个老练的记者似的打破砂锅问到底，同时提问也十分缜密。对此盖茨也是一一作答。

双方争论不休，稻叶屏气凝神地认真聆听。

盖茨有个习惯，人一兴奋身体就会晃动起来。面对孙正义机关枪似的提问，盖茨摇晃着身子回答，有时也会被问住。两人谈话的时间远远超过了事先约好的一个小时。

当时，Lotus是软件行业的龙头企业，而在当年的第四季度，微软跃居第一，微软员工们也是欢欣鼓舞。盖茨带孙正义和稻叶参观了微软公司，结束时两人第一次握了手。

走出微软，凉风拂面，令人心旷神怡。

孙正义提议说："我们去看看盖茨就读的高中吧。"

手拿地图，孙正义和稻叶还有摄像师小平尚典来到了盖茨的母校——湖畔私立中学。车子经过一片停着几艘帆船的大湖，而就像校名一样，边上就坐落着一所学校。孙正义不禁大喊："原来是这儿啊。"

走进树木环抱的砖结构教学楼，望着宽阔又美丽的草坪，孙正义感慨颇多，也拍了照片。

7月，西雅图的天空格外清澈。

一股暖流涌上孙正义的心头，这是要和比尔·盖茨这个80年代最杰出的成功人士一较高下的念头，或者是要和盖茨一起开创21世纪的坚定信念？

孙正义回味着访问开始前来自盖茨的提问。

"你看过*PC WEEK*吗？"

"经常看。"

"每一期都别落下。当今计算机世界发生了些什么，只要看过这本杂志就一目了然了。”

一定要拿下*PC WEEK*的日语版权。但是，那时候孙正义只是将这个决心默默地藏于心底，并没有对任何人提起。

孙正义这样描述比尔·盖茨：“和爱迪生、洛克菲勒、卡耐基等历史伟人相比，盖茨要在他们之上，足以名垂青史。”

他的头脑转得很快，富有冒险精神，而且又不失柔韧性。总之，右脑的感性部分和左脑的理性部分结合得十分完美。

“万幸的是，盖茨以技术开发为主，而我的重点是计算机基础建设。我们俩并不是敌对关系，而是互补关系。我们也常常相互联系，避免新业务有所冲突。”

孙正义十分珍爱盖茨赠送给他的个人著作。

在这本盖茨的处女作*BILL GATES THE ROAD AHEAD*（《未来之路》，西和彦译，ASKI出版局）中，盖茨亲手给孙正义写了一句话：“You are a RISK TAKER as much as I am.（你和我一样也是冒险家。）”

孙正义面带春风地对笔者说：“我很喜欢冒险家这个称呼，感觉无上光荣。盖茨他很了解我。”

泰德和Ziff Davis：挖最优秀的人才，收购最顶级的企业

历史没有“If（如果）”，当然，商界也是如此。

但是，退一步来说，如果在孙正义的生命中某个人物没有出现，那他还会有今日这番举世瞩目的成就吗？

这人圆脸宽额，简直就像手冢治虫的作品《铁臂阿童木》里阿童木的父亲茶水博士，要不就是美国著名电脑店的商标——“Egghead”。他是一个充满智慧的人，虽然总是面带笑容，但有时眼神也很犀利。他的名字叫作泰德·多罗塔。

正是这个被孙正义亲切地称为“泰德”的人成为孙正义登上世界舞台的巨大动力。倘若两人没有相逢，那么以全球为目标的孙正义的发展轨迹会减缓许多，而且一定大有不同。在孙正义挺进全球的时候，这个具有极大影响力的人——泰德，就是他的“美国父亲”。

从美式商业技巧到饭菜的做法，孙正义从他身上学到了许多。

1988年7月，孙正义建立起软银·美国，并任命泰德为总经理，这时两人相识只有两年。

泰德52岁，但是和美国人一样，坚强又饱含能量地面对人生。他生于波兰，吃的是技术饭，并获得了博士学位，是凭借自身实力取得成功的人。而在年过五十后，他探索新的人生，也迎来了转折。

那时，泰德住在加利福尼亚，在和UNIX有业务往来的Interactive·System上班。计算机产业前景未明，而该公司也不过是纷纷涌现的小企业之一。

身为技术员的泰德人生已经取得了巨大的成功，但是，他想挑战新的领域来开拓第二人生。他也是被燃烧的热情驱使着前进。

泰德曾在全世界首屈一指的贝尔研究所工作过。该研究所是作为AT&T及Western Electric的技术部门成立的，其前身贝尔电话公司正是发明电话的格拉汉姆·贝尔创办的。所内会聚了来自25个国家的大约3万名研究员，其中11人获得了诺贝尔奖。泰德的老同事被派到东京，在很偶然的情况下遇见了孙正义。

当时，孙正义正为UNIX寻访可以一起共事的人才。于是老同事对泰德说：“有个姓孙的在找像你这样的人，如果感兴趣的话就联系看看吧。”

泰德立刻拨通了孙正义的电话，他觉得远在日本的企业家也许能发现自己的价值。

孙正义马上回复说：“这可是大事，我们明天在东京见个面好吗？”

“不管怎么说，这太难了。”虽然愣了一下，但他考虑片刻后又说，这两三天他因为工作需要出差去一趟澳大利亚。

“那从澳大利亚回来时直接到东京来吧。”

为了太平洋另一端这个年轻的日本人，泰德改变了行程。他飞到了东京。1986年的东京，水平零层次发型、美体瘦身、迪斯科、台球吧等热潮方兴未艾。当年5月，查尔斯王子和戴安娜王妃访问日本，掀起了一股戴安娜热。

皇宫酒店是耸立在皇室前的一流酒店。按照和泰德约好的时间，孙正义准时出现。在和美国商人会面时，守时很重要。孙正义连这点都考虑到了，他独自前来赴会。

“可以下楼到大厅里来吗？我呀，是穿着灰色夹克背心的亚洲人，你一看就知道。”

可泰德一下楼，到处都是穿着灰色夹克背心的亚洲人，其中有一位身材矮小面带微笑，眼睛闪闪发亮。

在酒店地下二层日式餐厅的柜台前，孙正义一边手抓寿司，一边向泰德讲述着自己的理想。泰德一下子就被孙正义的理想吸引住了。

孙正义和泰德之间还有一个特别的故事。

故事发生的地点是洛杉矶的超豪华酒店——丽晶大酒店。茱莉亚・罗伯茨的电影《漂亮女人》就是在这家酒店取的景，而且日本皇室、各国元首、全世界的VIP都在此下榻，可以说是颇负盛名。值得一提的是，人们常把位于八楼的总统套房称为“漂亮女人”，住宿一晚需要花费4 500美元。

那一天，孙正义在八楼的电梯前等候泰德，但是发生了一点儿意外。孙正义赤着脚走出了房间，然后不小心又把门关上了。钥匙和鞋子都在房间内，他也难免慌张起来。

这时候孙正义还不忘幽默一把：“妈咪！”

这话是对着泰德说的，意思是说：“怎么办呢？妈妈，帮我一下。”

泰德一下子就喜欢上了孙正义。

结果两人只好找到酒店经理，事情的进展就像在上映喜剧似的，泰德也不得不向经理说明这个赤脚的亚洲男子可是这家高级酒店的贵宾。

从这则趣事可以看出，孙正义是一个不拘小节的人，也可以说这是孙正义活泼可爱的地方吧。这是泰德为孙正义效劳的第一份工作，当然日后也成为他们的笑谈。

两三周后，一纸合约送到了泰德的面前。

“孙正义先生，你希望我给你当多久的顾问呢？”泰德问孙正义。

“这个，你能干多久就干多久吧。”孙正义回答道。

“OK！”

这是孙正义和泰德成为刎颈之交的第一步。

值得一提的是，即便泰德和孙正义成为好友，他也从不像美国人那样直呼名字，总是满怀敬意地称孙正义为“孙先生”。

从1987年开始，泰德成为孙正义的全职员工，他也常常和孙正义一起环游美国。

有一次，两人在一家高级餐厅用餐。

素来坦率的孙正义向服务生点了汉堡，而泰德劝阻道：“商人是不会在一流餐厅点这样的菜的。”

孙正义虽然很惊讶，但还是听取了泰德的忠告。

虽然对日本人来说，孙正义的英语已经相当出色，但有时他也会词不达意。每到这时，泰德就会和善地加以纠正。泰德生于波兰，第二次世界大战后移居美国，会说四国语言，堪称语言学的天才。而在他看来，英语的语法最为严谨。在某一次会议上，孙正义第一次用英语发表演讲。为此，他在泰德的面前反复练习。

“Good evening！Ladies and Gentlemen！（女士们先生们，大家晚上好！）”

由于太过紧张，仅是这样一句话孙正义就反复练习了好几遍。从孙正义现在流利地发表英语演讲来看，这情形实在是令人难以想象。

泰德53岁时开始为软银效力，从年龄上来说，他和孙正义就像一对父子。“父子”，这真是一条绝妙的纽带，它把两位世界级的商人联系了起来。

泰德主要的工作是把软银整合到美国UNIX事务中去。他对孙正义无比忠诚，工作也是一个接着一个。

在SRI（软银综合研究所，主要从事电脑及UNIX相关的开发）搞研究开发，与登陆日本的美资公司接洽以便开展业务，这些也是泰德的重要工作。此外，与电脑出版相关的杂志社商谈并获得版权，这也是他的重要职责。

在比尔·盖茨推荐阅读*PC WEEK*的时候，孙正义就决定买下该杂志的日语版权。

1990年3月，孙正义在桥本五郎的陪同下飞到了纽约。他们此行是为了向世界第一的计算机相关出版社Ziff Davis买下*PC WEEK*的日语版权。这本杂志在当时是世界上最畅销的电脑综合杂志，所有从事计算机产业的人都对它格外关注。

在纽约五号大街Ziff Davis总部，两人见到了维利亚姆·基弗，预约会面的时间只有10分钟。但是会谈却持续了1个小时。

从当年5月开始，*PC WEEK*每周发行5万册日语版。

事后，基弗对桥本说："I met three geniuses（我遇上了三位天才）。"

这三人分别是微软的比尔·盖茨、苹果的史蒂夫·乔布斯以及孙正义。

而孙正义对桥本说："五郎啊，有朝一日我想把Ziff Davis买下来。"

那时候，桥本觉得孙正义是在说笑，因为这听起来就像天方夜谭。但是，天才的眼睛可并没有笑。孙正义比谁都深信，总有一天，收购Ziff Davis的梦想一定会实现。

5年后，1995年11月，他真的做到了。

联手成立诺威勒（Novell）日本：软银局域网业务大幕拉开

1989年1月7日，因服药无效，昭和天皇驾崩，年号改为平成，新的时代就此拉开帷幕。

而日本也陷入了空前的泡沫经济时代。当年三菱地所收购纽约的洛克菲勒中心，日本开始在各领域打入国际市场。

而另一方面，国际市场也开始进入日本。在时装界，像阿玛尼、范思哲等意大利知名品牌备受追捧。不仅如此，娱乐等产业消费也是急剧扩大，许多企业投身到新的商机中来。

接下来就是信息产业，孙正义的软银·美国总算正式启动了。当时，孙正义已经想好了下一步的战略，他把目光锁定在向企业提供硬件或软件的美国Businessland公司。他想借着这股新风扩大业务。

那时候，局域网（Local Area Network）等网络产业在日本还没有发展起来。所谓局域网，就是在办公室或办公楼这样狭窄的空间内把电脑连接起来的网络系统。在孙正义看来，这样的局域网也一定会在日本扩展开来。

软银·美国总经理泰德·多罗塔传来一则消息：Businessland公司开始快速出击了。

大卫·A·诺曼统率的Businessland公司自1982年以来，年均增长率令人惊讶地达到了70%，年销售额高达2 000亿日元。孙正义不可能对这样的业绩视而不见，确切地说，他对此了如指掌。

孙正义早已决定有朝一日要和该公司谈判，但从销售业绩来看的话，Businessland公司和日本软银比起来就像是横纲对平幕[1]。即便如此，孙正义依然决心要与之联合，将局域网的技术掌握在手中。

1989年秋，孙正义和软件事业部采购部长宫内谦、营业部长矢部孝行飞赴美国，而泰德也早已在那边恭候多时。

宫内于1984年进入日本软银，自那以来深得孙正义的信任，成为名副其实的心腹。如今，他已是软银的董事长、软银移动的董事长、软银BB副董事长兼COO。既是一名老辣商人，最为忠实地执行孙正义的策略，同时不乏细腻之处，是使孙正义与部下紧密相连的桥梁。

---

1 相扑运动员等级从高到低依次是横纲、大关、关胁、小结、平幕、十两等。

出访美国之前，把握流通业务的目的已经明确，视察的地点起初并不只有Businessland一家，但是随着调查的展开，焦点逐渐集中起来。与Businessland的诺曼会面是此行的最大目标。如果事先预约，目标就实现了一半，而只要能见上一面，他就有必胜的把握。

但是事与愿违，两人一见面，诺曼的态度很冷淡，在他看来，孙正义不过就是来自日本的一个普通企业家。就此退缩不是孙正义的风格，于是他继续游说。

诺曼的态度渐渐转变，他开始认真聆听孙正义的见解，最终同意联合开展业务。

孙正义接着说："要想在日本推广局域网的产品和技术，还需要和Ungermann-Bass公司联手，您能为我引见一下吗？"

Ungermann-Bass是局域网的制造和销售公司，而孙正义也很直接地要求诺曼代为介绍。既然是这样关键的谈判，那么传统日本人的那种谦虚和礼让可要不得。想要什么就说什么，就像美国人那样，Yes或No都要讲清楚。

孙正义的英语十分流利，话语也很有说服力。

但没想到诺曼的回答却是No："Ungermann-Bass的话还是算了吧……"不过他又加了一句："你最好还是去找诺威勒。"

这名字孙正义还是前所未闻。

诺威勒（Novell）是从事电脑局域网软件研发与销售的著名公司，在美国的市场占有率高达65%。而且它并不是直接出售软件，也和日本一样走流通路线，由批发商介入来卖出软件。

但是，局域网的搭建需要有详细的设定，因此是由掌握技术的人才介入来实现销售。

孙正义凭借敏锐的商业直觉迅速做出反应。在这种场合下，只要诺曼点头，那么就能在日本开展局域网业务，也可以联合大型开发商组建合资企业。

"我的提议对贵公司应该也是有利的。"

在孙正义的热情演说中又不缺乏冷静的道理，说到这里，诺曼第一次点了点头。几天后，孙正义一行受邀前往诺曼的豪宅。美国人很少会对才认识不久的人发出这样的邀请，虽说是Home Hospitality（私人邀请），实际上却是破格接待了。由此，诺曼为孙正义引见了诺威勒的总经理诺达。

孙正义开门见山地向诺达表示了在日本开展局域网业务的想法，这种单刀直入的谈判技巧很符合他的天性。而对方也早就看到日本存在着局域网的空白，有意借此机会打入这个大市场。虽说是初次见面，但这样的机会千载难逢，诺达重重地点了一下头。

回到了日本后，孙正义很快建起了Businessland。但是，还不到一个月的时间，1989年12月末，一则消息让孙正义大吃一惊。

兼松江商（今兼松）和诺威勒草签了协议。

怎么会有这样的事？孙正义一时深受震动，诺达总经理重重点头的那一幕又浮现在眼前。

这个世界尔虞我诈，很显然自己被诺达抛弃了，强烈的屈辱感涌上心头。不，这岂不是背叛吗？孙正义深深地体会到了美国商业的残酷性。他对秘书发话了："马上去美国！"

在驶往成田机场的途中，驱车前往洛杉矶的泰德给他打来了国际长途电话。

"我现在正赶往成田机场，明天早晨回到洛杉矶，届时我们在那里会合。"

孙正义连航班号都告诉了泰德，像这样秘密飞赴美国对他来说也很少见，这是他的第一次。泰德也感觉到有大事发生了。

"希望你给我准备好去盐湖城的机票。"孙正义对泰德吩咐道。

"为什么要去盐湖城？"泰德怀疑自己是不是听错了。

"我想去找诺威勒的雷·诺达。"

"那好，你想什么时候见到他呢？"

"喂，泰德，会议就由你来安排吧。"

孙正义总会有惊人之举，常常令泰德措手不及。但是孙正义这次的举动却让泰德茫然无措。诺达总经理可是在全世界持有股份的大企业家，这样突然飞到美国，他也不能保证就能见到对方。

了解了事情的前因后果后，泰德也是一个接一个地打电话，拼命地找寻诺达的下落，总算敲定了会议的时间。

在向孙正义汇报后，泰德问："话说回来，孙正义先生知道诺达就在美国？"

孙正义却满不在乎地说："不知道。"不管诺达跑到哪个国家，孙正义都要找到他。

虽然见面时两人面带微笑地握了握手，但进入正题后谈判却是毫无进展，双方互不相让，笑容也消失得无影无踪。

按照孙正义的观点，兼松江商虽然是日本有名的贸易公司，但只是对鱼子酱和鹅肝酱经验丰富，而对电脑就和外行没什么两样。他进一步向诺达说明，这笔生意必须以组建合资企业的方式来运作。"如果让我接手，我可以向您推荐实力雄厚的日方合伙人。"

听了这话，诺达的脸色顿时变了，由此可见他心底有所动摇，孙正义当然看在眼里。"诺达先生，明天和我一起去日本看看吧！"

事后孙正义才知道，诺达虽是亿万富翁，但性格十分节俭。就算出游，即便是机票打折，他也只坐经济舱。而且，诺达也有点儿不喜欢日本，不过他也是个快刀斩乱麻的人，马上做出让步："我明白你的意思了，那让副总经理跟你去吧。"

第二天，孙正义和副总经理飞到了日本。一下飞机，孙正义就和NEC、富士通、东芝、佳能、索尼等公司的负责人取得联络，要求融资。

谈判进展很顺利，副总经理很快向诺达提议，指出和日本软银联手才是最佳选择。

这就是所谓的电光石火、先下手为强吧。凭借优秀的英语水平和丰富的产品知识，孙正义迅速出手，这一刻连美国的商业家也不得不为之折服。

1990年春，在日本软银和诺威勒的共同出资下，诺威勒日本企业成立起来了。出任总经理的是前NEC的渡边和也。当年6月，各大型开发商决定向日本Businessland融资。7月，“日本软银”也把“日本”两字去掉。当年12月，NEC、富士通、东芝、佳能、索尼决定向诺威勒日本企业融资，孙正义一直暗暗勾画的合资企业总算变成了现实。以他为中心的日本Businessland也备受业界瞩目，成立一年后每月都有盈利。

身为青年企业家，孙正义一路走来未逢敌手，真是一帆风顺。但是，前方阴云密布，暴风雨即将袭来。只要走错一小步，就会桅杆折断，船帆破裂，沉没于怒涛之中。

Businessland总公司由于经营不善而被美国计算机系统公司JWP收购了。这对孙正义来说不啻于晴天霹雳，那时他就像一个年轻武士自信满满地准备杀入敌阵，没想到后院起火了，必须得重整旗鼓。

这样下去的话，不单是软银，连对日本Businessland融资的各企业也会出现赤字，合资企业也不得不瓦解冰消了。孙正义立刻飞赴美国去找Businessland的诺曼董事长。

孙正义的神情十分坚毅：“合资解体的责任在于贵方，希望能向各融资的日本企业退款。”

这里体现了孙正义对商业的钻研精神。对日本人来说，绝不会因为事不关己而袖手旁观，何况出于道义，他也要挑起责任，问题并不在于美国和日本经商理念的差别。但是身为美国人的诺曼并不这么认为，对此他完全不能接受。孙正义继续施展他的口才，最后诺曼同意了他的意见。

孙正义坚持自己的信念，反过来说也许诺曼也被他的气势所压倒。虽然在合同里并没有写着“如果合资企业解体，融资金额必须退还”，但是，诺曼依然做出了向投资方全额退款的承诺。

孙正义也做出了巨大的牺牲，软银既然做出了投资，就不能对这样的紧急情况视而不见，他决定承担此前累积的赤字部分，向各公司全额退款。

直到今天，孙正义始终认为，虽然当时软银蒙受了超过2亿日元的损失，但是收获也十分巨大。

首先，无论面对怎样的困境，绝不能自乱阵脚，而应始终进退有序，绝不出错，这是孙正义贯彻始终的商业战术和战略。

而那时的孙正义也收获了无可取代的宝贵财富——信用。各企业的高层都没想到投资金额还能全额返还。

绝不以失败而告终，这是孙正义最强大的地方。正因为遭遇失败，所以可以在其中发现成功的关键。

和Businessland的联合的确是失败了。但是，比起为偶然的失误而心有不甘，更应该着眼于更好的结果吧。虽然失去了Businessland，但日本诺威勒已经建立起来了。冷静地一想，有了它，才有局域网这个软银的支柱产业。

只追逐眼前的利益是不能取得更大的收获的。孙正义的口头禅就是：“损[1]失中也有正义。”

1994年7月22日，软银正式上市。

志向已定，气势高昂

在和孙正义交谈的时候，字里行间能发现他对家庭的热爱。

正像父亲三宪对孙家祖先引以为豪一样，家人也为正义备感骄傲。孝敬父母，爱护兄弟姐妹，信任朋友，疼爱子女，这是人类应有的情感。

虽然孙正义令很多日本的年轻人心生共鸣，但是忘却自身精神、单纯模仿他人的人生也是有害而无益的吧？

而受孙正义影响最大的是比他小15岁的弟弟——孙泰藏。

孙正义这辈生的全是男孩，兄弟共有四人，泰藏的年纪比三个哥哥要小很多，所以令人爱怜。而长兄孙正义对泰藏来说，有时就像父亲那样严厉。值得一提的是，泰藏的名字源自当时金融界备受尊敬的东芝董事长石坂泰

1 日语中，损失的“损”与“孙”同音。

三。但是四儿子起名带个“三”难免怪怪的，所以“泰三”改成了同音的“泰藏”。

1991年4月，为了备考东京大学，泰藏进入骏台预科学校学习。他和孙正义一样在著名的久留米大学附属高中读书，并以优异成绩毕业，但是高考不幸落榜。然后他出于爱好组建了爵士乐队，在老家福冈过了一段逍遥自在的无业生活。由于极度害怕再度失业，他来到东京进了预科学校。

和孙正义一见面，他就被严厉地训了一顿。“这样下去的话，你这辈子就算完了，失败会一个接着一个。”

泰藏拼命掩饰的小小的自尊心被一点一点割裂开来，但是他和兄长一样不服输，于是绞尽脑汁制订了备考计划。自信满满地拿给孙正义一看，结果又遭到了斥责：“你这小子在想些什么呢？”

兄长向四弟指明计划表的不足之处，计划不是做乘法，而是一门独特的除法运算。

首先设想一年的准备时期，这时一年必须分成12个月来考虑。不管制订了多么缜密的计划，未必非得照着计划来。正义教泰藏把365天除以14而不是12。而且，把原来的1个月设置为一年的14分之1，即26天。这样一来，每月就有4 ~ 5天、每周就有1天的机动时间。这样主观上会有一种宽裕的感觉，效率也能显著提高。再进一步地想想，能不能把1小时设置成10分钟呢？

这也是孙正义的高明之处，时至今日，他依然把1天看成是5分钟，以此来安排行程。

关于计划的执行，孙正义也是考虑得极为周到。

备考复习的泰藏把计划进度表交给正义看。他每天学习18个小时，绿色表示已经按计划进行，如果偷懒了就用红色，进行中的就用黄色显示。

他也知道，孙正义在就读圣名学院及伯克利大学的时候，除了睡觉，所有的时间都用在学习上了。

（我可不能输给兄长！）泰藏埋头苦读，刚开始红色和黄色标志还不少，渐渐地绿色标志多了起来。

他把进度表交给兄长。正义只瞥了一眼，就斥责起弟弟："你知道什么是学习吗？"

这次可是信心满满，以为会受到兄长的赞扬而不是责骂，泰藏不禁目瞪口呆，也弄不懂哥哥为什么又训斥他。

"你知道吗？问题出在黄色的部分。"

涂红色表示偷懒的部分没有问题，人无完人，总有力不从心的时候。绿色部分因为留出了机动时间，照计划完成也是理所当然。进行中且尚未完成的黄色部分就至关重要了。为什么不能完成？实际完成了多少呢？

弄清问题才是学习，有问题就必须找到答案，所以一定要制订一份最后全部都能完成的计划表。

听了兄长的话，泰藏连连点头。

而有了合理的计划，泰藏的成绩也逐步提高，最后成功考取了难如登天的东京大学经济学院。

父亲长于经商，母亲疼爱子女，而泰藏对二哥孙正义也是心怀敬意。看到兄长做生意，单位都以亿日元计，他不禁惊叹："太了不起啦！我和二哥差得太远了，无论如何都赢不了他吧？"

虽然如此，但是泰藏还在东京大学念书时就开始经商了。1996年2月，他在26岁时成立了Indigo，专门从事互联网上的生意。孙正义23岁创建日本软银，从这点来说，弟弟没输给哥哥。

与互联网搜索先驱——雅虎·美国的总裁杨致远有缘一见，是促使泰藏组建Indigo的直接原因。1995年12月，泰藏与杨致远见面，并使雅虎成功拥有日语版。正是为杨致远的人生所打动，他组建了自己的公司。

独立自尊，这是孙家的家风。无论做什么事都要亲自开辟道路。

喜欢玩游戏的二哥孙正义一边和弟弟玩超级马里奥（又名超级玛丽），一边传授着自己的经营哲学。

怎样才能吃到蘑菇呢？可以灵巧地跳过乌龟吗？因此，总要有人来讲述攻略吧？这里有水管、可以跳关等。怎样不费力地通关四遍呢？

但是，这不正是游戏的乐趣吗？通关一遍，打倒怪物，然后玩第二遍就难了，第三遍就更难。

兄长说，做生意就和玩超级马里奥一样，亲自开拓一条条的道路很重要。

中学时期，兄弟俩曾玩过一个关原之战的战略游戏，模拟石田三成与德川家康的历史对战。哥哥猛攻到底，结果一个兵团陷于六个兵团的包围，弟弟也对他大加批评。

孙正义在从事企业大宗收购的时候，也是一副强攻的姿态。但是，他胆大又不失细心。

“人数多一倍，则阵势更稳固。不过既然决定过桥，那就要直冲到底了。”

这点泰藏也是从他的身上学到的。

志向已定，气势高昂。

这是幕府末期革命家吉田松阴的名言，他教导世人，只要下定决心，无论前方有多么困难，也能勇敢地走下去。

那么在商业上，孙正义有怎样的追求呢？青年时代培养起来的东西就是他的志向。自身的工作将会对今后的数字信息社会做出贡献，这份强烈的自信就是他崇高的志向。

融资雅虎，软银进军互联网

谁都有难忘的过去。

1995年11月15日，星期三，在拉斯维加斯希尔顿大酒店的总统套房内，孙正义召集了软银·全球的管理人员：软银·美国的总经理泰德·多罗塔，德维德·布鲁姆斯泰因，罗恩·费舍尔，以及与孙正义同来美国的总经理助理（今雅虎股份公司总经理）井上雅博。

这一年，孙正义收购了Interface集团的展览会部门Comdex，而且还买下了Ziff Davis。

29层的总统套房带一个阳台，即便闲暇之时孙正义也不会走到阳台上去。他似乎有恐高症，这对他来说太恐怖了。

孙正义即将下达一个胆大无畏的决定。

在宽敞的房内，一群男士纷纷坐上了沙发。孙正义挑起了话头：“雅虎这家互联网公司十分值得期待，我想对它进行融资。”

这是由Ziff Davis的总经理埃里克·西伯提出来的。

雅虎为了公开发行股票需要寻求投资者，Ziff Davis本想对此投资，但中途被软银收购。由于在决定收购后，出于资产审查等考虑，在一段时期内不允许使用资金，这就导致资金冻结，无法投资。

因此，由孙正义出面投资，因为他信任西伯。

截止时间为星期五，只剩下两天时间。

“你有什么看法？”孙正义用日语提问。

既然他说日语，那问的人当然就是井上雅博了。

井上立刻回答说：“我认为互联网行。”

井上也是1957年出生，而且比孙正义还要早了半年。1979年加入SORD计算机系统公司，1987年跳槽进入软银总研，1992年转入总部，自那以后一直在孙正义的左右。他历任总经理办公室主任、秘书处办公室主任，虽然实际上从没拎过包，但在孙正义的身边学到了不少管理的精髓。

他也了解，孙正义一旦开口做出决定，就不会退缩。井上有时也会冷静地注视着孙正义，看到他过于沉思而撞上了电线杆，也看到过他鞋子都没穿就上了飞机。

宫内谦和孙正义一样忽冷忽热，而井上却是个冷静的人。但是，这一刻，连井上的体内也是热血沸腾。

互联网的时代即将到来，他确信孙正义的判断是正确的。

于是，孙正义决定由Comdex筹集200万美元。第二天，即11月16日，孙正义和泰德飞往硅谷，与雅虎创始人杨致远和大卫·费罗会面，地点则是雅虎可以眺望山景的小办公室。

雅虎找到了投资人，为了向孙正义等人表示欢迎，当时本想在法式餐厅或中餐馆设宴款待。但是，孙正义期待的是和两个年轻人畅所欲言，于是提议只要外卖的比萨饼和可乐就行。他别无他求，只想痛痛快快地谈谈互联网的远大前程。

回忆往事，孙正义对笔者说道："和杨致远他们一聊，我就知道这事非他们莫属，所以决定赌上一切。"

软银决定向雅虎融资200万美元，雅虎在纳斯达克（全美股票交易市场）上市时，接受私募资金，于是追加投入100亿日元。这样一来，软银控股率达到35%。

成立雅虎·日本，互联网服务启动

在决定向雅虎融资时，软银已经向日本的几家企业提出与雅虎合并的建议。

当年12月，井上雅博就日本·雅虎成立一事和杨致远见了一面。当时的情景井上至今记忆犹新。

"决定选择我们作为合并的合伙人，绝不是因为我们投入了巨额的资金。其他公司只是抱着以往的商业概念，说需要很长一段时间才能建起来。而我们的意见很统一，对互联网来说速度是很重要的，所以说3个月就可以。"

在雅虎的办公室里，其他公司关于成立雅虎·日本的建议书堆积如山，井上瞄了一眼。

"现在各方都来提议，我也在想该怎么办呢。"穿着polo衬衫的杨致远说道。

井上暗暗想，如果自己也带着建议书就好了，现在可是两手空空、赤手空拳了。

“成立雅虎·日本吧？”井上开口问道。

“好啊，但是您觉得怎样起步好呢？”杨致远问他。

“总之，先让两三个人来做，视需要再慢慢增加人手，您看呢？”井上又补充了一句，“从可以入手的地方开始做起岂不是更好？”

于是杨重重地点了点头：“没错，对互联网来说速度至关重要。”

同为技术员，思路也是不谋而合。

关于怎样转换成日语版，两人也是谈了很多。井上早有预感，日本和美国文化差异巨大，而转换成日语也是史无前例，因此需要没有任何拘束，自由发挥联想。

“总之，先开始试试看吧。”井上和杨致远握手成交。

12月20日，在硅谷中心圣何塞的费尔蒙特酒店前，孩子们给广场的圣诞树张灯结彩，红黄绿的颜色交相辉映。

大家吃过寿司后纷纷出来。

“圣诞节的装饰很漂亮啊。”

与井上同行的员工影山工对此觉得很特别，至今记忆犹新。那感觉就像收到了一份大大的礼物。

井上一行利用坐飞机和坐车的时间写完了报告，直奔当时位于东京日本桥滨街的软银总部。

“太好了！”孙正义满面笑容地说。

1996年1月，雅虎·日本正式成立。

1月8日，孙正义召集管理人员下派了指令：“今年是互联网启动的第一年，我们要全面推广互联网。”

1月12日，杨致远访问日本。

互联网服务启动时间确定为4月1日。

当时，软银采取每日结算，营业盈亏考评极为严格。但是谁都希望早一些推行这项工程。

井上冲进人事部：“事情紧急，必须赶快处理。”

人事部批准了“雅虎启动工程”。

这其中另一个关键人物是影山工。影山是杂志UNIX USER的主编，于软银成立的下一年加入公司。他苦学电脑和编辑技术，虽然性格沉默寡言，但责任心远胜于常人。他的名片头衔是“主编”，作为目光严厉的主编，他也博得大家的称赞。

影山决心用自己的努力工作来回报孙正义的热情和细心。

“有一年的辞旧迎新晚会，我们有一名员工不得不被开除，当时孙正义总经理当着大家的面哭了。”

井上和影山要做的事主要有三件，一是雅虎的指南，二是启动日语搜索功能，三是收集可以作为搜索对象的网址。当然，其他也有不少琐事，使用什么搜索引擎？怎样使它与雅虎的系统整合？广告怎样处理？各种难题堆积如山，而且这些问题只有两三个人在处理。

因此，连一间特设的房间都没有，只能选择总经理办公室闲置的一角，然后坐在各自座位上通过收发邮件来联系、处理。

最难的地方还是网址收集。“需要3万个网站。”井上这样认为，“因为不知道收集网址的技巧，所以完全就是手动操作。”

由于影山持之以恒地不懈工作，网址收集到了15 000个。他24小时都在收集网址，并且开发出登录系统。此外，孙正义的弟弟孙泰藏也参与进来并成为他们的核心人物。

1996年7月，井上代替孙正义出任雅虎·软银的总经理，自那以后，雅虎用户令人惊讶地飞速增加。

1997年1月，日均网页点击率达500万；1998年6月，点击率增至1 000万。2000年7月为1亿，2002年5月则到了3亿。而到了2004年3月，点击率已突破7亿，并且可以提供多项功能，如搜索、社区、交易等。

井上至今仍记得第一次和孙正义交流的情景。那是在1988年，软银总研组织员工旅行的时候。孙正义和井上一边泡着温泉，一边谈论着各种问题，如32比特的电脑软件今后前景如何等。

他引起孙正义的注意是在五年后，即调入软银总部的1992年。此前他在子公司管理数据，从某种角度来说，不太容易接近孙正义。

“有时候我会想，他可真是烦哪。他对数字尤为敏感，老是问我为什么为什么的，看到赤字更是喋喋不休。”

孙正义有自己固执的地方，哪怕赢利只有1日元也好。但是，他也深刻领略到了井上的管理才能和老辣的手段。

“他既有胆大的地方，对数字也很仔细。很多人往往只能具备一点，他却能同时做到这两点，真是了不起。”

虽然行事没有偏离主轴，但他偶尔也会有失败的时候。

“孙先生如果一冲动，一般就会失败。但有时候我提醒了也还是听不进去啊，这个时候我就会静静地等着。”

但是，井上也知道孙正义心怀大志：“他是怀着远大的志向和目标奋勇前进的。”

孙正义常常向井上阐述梦想，他想像NTT一样建设通信的基础产业。

而这个梦想也终于成为现实。

2001年4月，东京表参道的雅虎·日本总部，井上在八楼发表了演讲：“和孙先生商议之后，我决定，从今天开始雅虎·日本将迎接新的挑战。”

他发出了展开宽带业务的宣言。

此前，孙正义热情消退、心生厌倦的例子也不是没有。井上笑着说：“但是，雅虎·BB会从今天开始持续下去，而且是长盛不衰。”

孙正义和井上大展拳脚的雅虎·BB有三条轴线。首先是互联网的连接功能，其次是BB电话，第三是BB电视。眼下，他们希望通过这个基础设施来开花结果。

“从今开始业务会越来越广泛呢，毕竟才刚起步。”

井上也意识到自己和孙正义不一样的地方：“打个比方来说，我不会把所有的钱都押在一个地方，也许我更擅长赌博吧，如果赌100次的话应该是我赢。”

大笑之后，他又补充说：“但是他了不起的地方在于，因为赌三次就腻了，所以他会在三次内赢个够。他就是这样的人，会认真地考虑怎样做才能挣钱。坚持学习，而且学习的能力也出类拔萃。”性格稳重的井上眼睛里泛着光彩。

如今人称非凡企业家的井上已经取得孙正义的全面信任，他和孙正义一样同时具备韧性精神和大胆行动这两个特点，两人结下了深厚的友谊。

志向和野心让他靠近理想

男儿行动，大风吹动。

孙正义屹立于汹涌的时代前列。船只破浪前行，水波会向四处扩散。而孙正义行动的时候，总会有新的风吹起，且一阵又一阵地彼此呼唤。有时是改革的新风，有时是引起恐慌的旋风。

1995年4月，孙正义收购了世界上最大的计算机展览会“Comdex”。同年11月，计算机相关的最大出版部门Ziff Davis也成了孙正义的囊中之物。次年，1996年1月，他取得美国最大的搜索引擎公司——雅虎的股票，成为该公司最大的股东。这一年6月，他与“媒体国王”鲁伯特·默多克统率的澳大利亚新闻公司达成共识，就数字卫星广播产业JskyB（今Skype）相互合作。另外，他宣称收购朝日电视台的股份（之后中止）。

1998年1月16日，软银在东京证券交易所第一部门正式上市，此时距软银在非交易市场上市仅仅过去4年。上市第一天，成交量大幅上升，开盘价3 700日元，比非上市股票的终值高了100日元，收盘价达到3 870日元。1999年6月，与全美证券协会合作，商议成立纳斯达克·日本。2000年9月，收购日本债券信用银行（今青空银行）的股份。

改革家孙正义总会着手一些令人大吃一惊的业务，而每到他变换形象的时候，大风也随之吹起。然而，无论多么强劲的疾风，其中也会有宁静的一刻到来。让孙正义暂且停下脚步的是600年一次的宗偏流茶会，即一期一会[1]。

宗偏流是由千利休之孙正义宗旦的首席大弟子——初代宗偏于大约350年前创立。不知读者是否知道这样的典故？元禄十四年（1701年），在给城主报仇的赤穗的四十七义士中，有一位俳句诗人大高源吾就是拜在宗偏门下。在那个粒粒皆辛苦的时代，深谙其中之苦的宗偏曾暗中在吉良家召开茶会。

现任茶道掌门人是山田宗偏，由于上一代猝死，时年22岁、还是学生的他成为第11代继承人。

1997年9月，宗偏流召开一席茶会。

山田于上智大学毕业，既传承了传统的生活方式，同时具备了现代的意识，广通人脉，将茶道和禅宗合二为一，组织起“大龙会”。这个聚会由一桥大学创新研究中心教授米仓诚一郎提议，将现代的武将，即各行各业“开创明天”的顶尖人物汇集一堂，也可以使茶道流传后世。

当年秋天，金阁寺建成600周年，宗偏开席举办茶会。600年一次，这次聚会对宗偏流意义尤为深刻，对被邀请的人来说也是一辈子仅此一回的盛典。何况席位寥寥无几，能被邀请也是无上光荣。宗偏为邀请名单烦恼不已，于是向米仓征询意见。

米仓的专业是商业史，自然深知计算机产业的变迁史。

“眼下新兴企业兴起，我等若与之为伍难免心生别扭，彼此也相互看轻。但是，时代潮流正是如此，所以我们不能期盼他们失败，反而应该从心底加以支持。我们必须倡导风尚，培养下一代的索尼和本田。”

这就是米仓的论调，虽然孙正义饱受争议，但显然他站在孙正义的这

1 日本茶道用语，“一期”表示人的一生，“一会”则意味仅有一次的相会。融会到茶道仪式里，就是通过一系列活动，包括水、饭、谈、茶四大步，最后使主客静心清志，由内到外自然涌现出“难得一见、世当珍惜”之感，进而思考人生，达到更高的境界。

边。而且，米仓深谙茶道的精髓，他毫不犹豫地向宗偏推荐了孙正义。

“今后的茶，如果离开了有影响力的人物的喜欢，那是没法流传的。而且，活跃在海外的商人也更有必要理解茶的精髓。”

于是，山田宗偏邀请了孙正义这样的特殊人物。虽然并没有品茶的爱好，而且当时忙得不可开交，但孙正义还是毫不犹豫地答应下来。

镰仓净明寺的掌门人府第面积有3 000坪，四周绿树成荫，小河流淌，是一处重要的文化古迹。它是由江户时代的一条昭良（惠观）和茶匠金森宗和共同建造的，宗和也参与了金阁寺茶室的建造，因此受金阁寺创建时开席的宗偏委托，打造掌门人府第。

当天，孙正义从东京驱车赴会，在约定的下午4点半准时出席。穿着精心准备的和服与裙裤，孙正义看起来也有几分紧张。此前，他对茶道倒也不是毫不关心。

“虽然和自己的工作相去甚远，我对茶道还是挺感兴趣的。在大自然中品茶，人仿佛就进入了另一个世界。在忙碌之余，自我反省很有必要。除了卡拉OK和高尔夫，我也想寻求点别的东西。”

孙正义常常带着家人去欣赏音乐会，但是卡拉OK非他所长，所以他不怎么唱歌。

但是，就像战国乱世中利休、织部成为织田信长、丰臣秀吉的精神支柱那样，宗偏何尝不能体会孙正义的心境?

在名叫不审庵的小房间内，茶香弥漫。在茶室内正襟危坐，孙正义的脸上看起来也有一丝不耐烦。

“既然您想像织田信长一样，那么请用茶。”掌门人这么一说，孙正义也不再噘着嘴了。

茶之重要，在于能和自己的心灵有契合的部分。在战国武将触碰过的茶碗上，让我看看和他们可有心灵的相通。

结束时，四周已经暗了下来。借助微亮的路灯，孙正义感到心灵也获得了治愈。感受到了紧张和松弛，他不由得自言自语：“心平和下来了。”

换了席位，饭菜也端了上来，滴酒不沾的孙正义很罕见地抿了一口。

“真好喝啊。”于是他又喝了两三盅。

比尔·盖茨喜欢喝可乐，为了表示敬意，孙正义也喝可乐。但是因为饮酒伤身，父亲不准他喝酒，所以孙正义给自己也立了不喝酒的规矩。

席间，掌门人问孙正义：“什么是互联网？”虽然常有耳闻，但不知道具体是什么样子的。

孙正义平静地回答说：“对日本的政治家来说，互联网就和初出茅庐的青年一样受到轻视，这是大错特错的。它怎么说也是一种基础建设，就像如今已经家家普及的电话机一样。怎样运用自如？通过互联网能获得多少快乐？这些可是至关重要的。”

孙正义的话语很有说服力。

让传统和新文化融合，这和宗偏的想法不谋而合。

孙正义的内心深处早有这样的想法，说话也是毫不含糊。

“孙先生也是我辈中人，彼此志同道合。只要按着心中所想前进，实现理当没有问题。但是，孙先生所见的未来却非常人可以预见。人说孙先生言语善变，但也许这是我们常人所不能理解的原因吧。”

宗偏感受到孙正义言行合一，而这正是茶道的精髓。

孙正义已经领会到了茶道的精神。

两年后，寒冬夜晚的一场茶会。一纸便笺送进茶室，有紧急电话寻找孙正义。

受到世俗的叨扰，宗偏犹豫了一下，但还是问孙正义：“孙先生，我们这里有电话，您意下如何？”

孙正义回答说：“不好意思，容我告退。”

他对中途退席表示歉意，然后赶紧跑到洗茶具的房间打电话，一去就是很久。

宗偏的一名高足看见了他的样子。

孙正义在打电话时频频低头："真的是很抱歉，我是很诚心诚意、尽力而为的。请相信我，虽然我还年轻，也请多多关照。"

这份谦虚正符合宗偏流"戒骄戒躁"的理想境界，目睹此景的弟子立刻成为孙正义的支持者。

宗偏从北海道大学研究院从事英国政治研究的山口二郎教授那里得知，在英语里"志向"等同于"野心"。如今，有野心的政治家是不存在了。因为没有了志向和野心，人就会没有理想，没有理想就会陷入迷茫。志向更能启迪人生，这和赚钱没什么关联。

只要立下志向，不管别人怎样评论，都能忍耐下来。在忍耐中磨炼人格，可以成为受人敬仰的大人物。

按照禅宗的教义，如果不能乐于吃苦，人就不能得到成长。从这个意义来说，孙正义就是将志向贯彻到底的大人物。眼下孙正义所处的状态也许就是这样，但是他还没有看到光明。

茶事结束后，每个人都要写一个字，在这则"后记"上如实展现自身的人格。

孙正义写了一个大大的字："风"。其中包含了他幻化成风的强烈愿望。

茶汤可以反映人心。"一尘不染，明澈清茶。"在宗偏的心底，孙正义是这样显示的。

他坚信宽带互联网将是未来大势

2000年1月20日，东京六本木这一天的夜晚也是绚烂多彩。

电视台前，从一辆豪华车上走下一位男士。他身材之矮小令人惊讶，而且貌不惊人，似乎在大街上随处可见。但是却有一股飒爽的气势，全身散发着源源不竭的能量。

这名面带笑容的男士一走进摄制组，空气顿时紧张了起来。也许是他显得很有灵气，所以会给人这样的感觉吧。

“拜托了。”他——孙正义殷勤地向观众弯腰致意。

“您怎样介绍自己呢？”当代一流的电视主持人久米宏开门见山，直接发问。此前他突然宣告休养，眼下刚回归“News Station”不久。

“从事互联网业务的男士吧。”

听起来虽然普普通通，但是这样的回答不足以概括他的人生。可以感觉到，这里面有值得哲学家们回味的分量。久米立刻追问道：“说您把全部财产都押在互联网上也不为过吧？”

“对。”孙正义温和的脸上闪过一丝光芒，这不是理所当然的嘛，他用沉默表示抗议。

软银可是以成为互联网的大财团而奋斗至今的，所以才能一个接一个地推出新的构想。为了构建合资企业，软银成立国际证券交易所纳斯达克·日本，收购日本债券信用银行。在互联网方面，除雅虎·日本外，还销售车辆和书籍、开展宽带业务等。这些都给日本经济带来了巨大的震动。

当时，孙正义的个人资产可以说是日本第一了，软银的市价总额（股价×发行量，显示企业价值的标准）共计10兆日元，杀入日本企业的前五名。

当天的久米也恢复了他以往的犀利：“就在一年前，我们对孙先生还知之甚少，不知道你并非投机商，也不知道你在做些什么……”

“就算现在你也可以说我是泡沫男。”孙正义虽然微笑着回答，眼睛却毫无笑意。

孙正义究竟是何方神圣？他是怎样成为全球名列前茅的资本家的呢？

孙正义统率的软银很难看出实际形态，因为它并不生产商品。软银不断地从事企业收购，投资公司的特征倒很明显，让人觉得很神秘。软银本身不从事业务，而是将相关企业整合起来的股份公司。

1996年，软银和媒体巨头鲁伯特·默多克联手，并且公开宣布买入朝日电视台21.4%的股份，但是后来收购突然中止。关于其中的原委，孙正义对久米说：“朝日新闻希望将朝日电视台编入麾下，想回购股份，所以我们就收手了……”

向新公司投资，等到该公司上市后利润增加，就能获得投资回报。

“如果向100家公司投资，只要1家上市成功，其他99家都失败了也没关系吧？”久米抛出了一个尖锐的问题。

“我可没这么说过，不过不管实际数字有多少，总能重新振作的。”

久米让人意想不到地换了话题：“身为软银总经理，您的工资有多少呢？”

“每月大概500（万日元）吧，具体不记得了。”孙正义若无其事地说道，连眉毛都不动一下。

“您不查看工资明细吗？”

“没看。”

孙正义对个人生活毫不在意，软银发行股票的第二天，他办了一张价值30万日元的高尔夫俱乐部会员卡，但开支也就仅此而已。手表他会戴到不能用的时候，中饭有时候也是和员工一起在便利店吃盒饭。

孙正义回答得这样干脆，连见多识广的久米也是半信半疑。

软银市价总额存在泡沫，价格虚高，实际并不值这么多，面对久米这样的刁难，孙正义也是不为所动。

“所谓泡沫，就是不断上升然后突然下跌。而如果持续上升，那就是成长，两者有天壤之别。”

50年、100年，互联网始终都是社会不可或缺的工具，而且现在它还只是刚刚起步，孙正义的话语很有说服力。

20世纪是工业化社会，换言之是电视机、电话、汽车的时代。而日后人们回首21世纪，可以说它是互联网的时代。互联网革命的时代才刚刚拉开序幕，我们就活在这样的时代中。

“今年您可以超越比尔·盖茨吗？”久米问道。

“没这回事，这问题太为难我了，对方也会生气的。”孙正义一本正经地对此否定，但他的心底却有另一个声音——当然，一定要超越盖茨，成为世界第一。而对此表示支持的人不会只有我一个吧？

久米最后问道："今年的目标是什么呢？"

"进一步探索互联网的发展。"

虽然被人嘲笑是投机商和赌徒，但是孙正义对自己选择的道路深信不疑，他一心一意地向前挺进。"这是属于我自己的人生，我不想留有遗憾，一直都是这样激励自己的。"自信满满的男士笑容满面地回答说。

这次采访也给久米留下了深刻的印象。10个月后，笔者在拉斯维加斯见到了孙正义。他脸上洋溢着笑容，去的地方也是人山人海。

1995年4月，孙正义出资8亿美元（800亿日元）收购Interface集团的展示部门Comdex。其中的181亿日元是以公募价格9 696日元（价差方式）的股票市场价格募集得来的，另外还以公司债券的方式筹集了100亿日元。剩下的500亿日元则是银行贷款，日本银行的融资请求纷纷涌来。

同年11月13日，Comdex开业的第一天，作为老板的孙正义率先用英语发表了令人信服的演讲。紧随其后，IBM董事长兼CEO（最高管理负责人）路易斯·郭士纳进行演讲。发言结束后，在台上，孙正义与加斯纳尔亲切握手。

Comdex毫无疑问就是孙正义登上国际舞台的跳板，每每来到拉斯维加斯，他就像上阵的武士一样，既战栗不安，又跃跃欲试。

"拉斯维加斯是我喜欢的城市之一。"

2000年11月12日晚上7点，在拉斯维加斯的米高梅豪华花园剧场，比尔·盖茨在掌声的簇拥下登上舞台。这位世界计算机的风向标穿了一件夹克衫，并没打领带。

剧场内观众的视线都集中在他的身上，各大媒体的镜头也纷纷对着他，闪光灯闪烁不绝。而当他伟岸的身影出现在大屏幕上时，现场更是欢声雷动。

盖茨向人们演示了网上购物，同时展示了可单手操作、兼具便携性和电脑功能的试验机“tablet PC（平板电脑）”。

“眼下正是计算机技术的转型期，究竟哪一种技术值得关注，这是微软首要关注的大事。”盖茨强调说。

孙正义就在会场的最前排，灼热的目光直视着演讲中的盖茨，时而大笑，时而鼓掌。而在前一天，两人已经在拉斯维加斯超一流的高尔夫球场一起打过球了，这也是多年来的惯例了。曾有平标准杆纪录的孙正义击球又快又准，打高尔夫也是他的兴趣所在。

“要说高尔夫的得分，没人赢得了我。”这话也反映了孙正义的自信。

“正。”“比尔。”伴随着这样的称呼，两人一边打球，一边也聊了很多。

“我很尊敬比尔。”孙正义常把这句话挂在嘴边。

盖茨的演讲让孙正义进一步感受到21世纪数字信息革命已经触手可及了。

结束演讲的比尔·盖茨在雷鸣般的掌声中走下讲台。站在最前排、身穿暗红色毛衫的孙正义走上台，以微软CEO鲍尔默为首，计算机产业的领军人物纷纷围上来与他握手。孙正义和盖茨一样，也是主角。通过当天盛大的聚会，孙正义重新体会到了对盖茨的敬意和亲近，也再次燃起了一较高下的斗志。

在伯克利念书的时候，孙正义曾在拉斯维加斯赌过一次，当时他把钱输个精光，从那以后他再没赌过钱，但是人生的每一天都是那么惊险刺激，让他血脉贲张。

从19岁以来，孙正义始终都在追求数字信息革命。如今，这个时代终于拉开了大幕。

21世纪毫无疑问是孙正义和比尔·盖茨并驾齐驱、共同引领之下的时代。

1998年6月，孙正义和盖茨受到了韩国总统金大中的接见。

当时韩国正陷于经济危机，总统问孙正义：“在你看来，怎样可以重振我国的经济？”

孙正义瞥了一眼身旁的盖茨说：“金总统，我认为有三个方法。一是宽带网，二是宽带网，三还是宽带网，除此以外，别无他法。让韩国的宽带成为世界第一，做到这一点，经济就能复苏了。”

言下之意，宽带是一切电子技术的基础产业，如果在韩国的普及率能有世界第一，那么所有的电子产业都能开花结果了。

孙正义接着说：“在世界上最早建立宽带网，并且规模达到世界第一，您必须成为这样的总统。”

“明白了，不过话说回来，什么是宽带？”

面对总统诚恳的提问，孙正义做了解释。宽带网简单来说就是高速互联网，这个超高速互联网的基础建设必须由总统下令贯彻实施。总统必须下令并且宣誓，一定要把韩国打造成世界第一的互联网大国。

总统说：“明白了，虽然具体不是很了解，但是它的重要性我已经充分体会到了。”

说完，总统接着问比尔·盖茨：“盖茨先生，对于孙先生的话你有何见解？”

盖茨回答说：“我百分之一百表示赞成。”

金总统说道：“那好，既然你们俩都这么说，那我就没什么犹豫的了。虽然具体还不了解，但是我会下这样的命令。”

总统的命令在下一个月马上下达：韩国所有学校开始普及宽带，放宽所有的限制，为了推广宽带，政府预算、人事调动、法制体系全部进行相应改革。

结果，韩国宽带普及率高达75%，跃居世界第一。日本是25%，而美国仅有5%。

CHAPTER 8

第8章

宽带霸主

全力研发宽带互联网

“今天下午我不回办公室了，我要专心研究宽带。所有的预约都给我取消，谢绝会客，员工也一个都不见。”

孙正义这么一说，所有的秘书都想：难道老板有什么烦心事吗？

集团公司的各总经理也是大吃一惊：莫非总裁上了谁的当吗？

孙正义走进软银总部对面的一座小办公楼，目的是为了见一个人。这人人称“疯子科学家”，无论表情还是说话，都像春天的太阳那样懒洋洋的。

孙正义对他说：“你这家伙在搞什么呢？我不是说过吗，宽带要放在第一位，为什么毫无进展？”

“没法写申请啊。”对方小声回答道，神情腼腆，看起来就像个孩子。透过镜片，他的目光也很柔和。

因为不能写申请，所以买不了所需的器材。孙正义顿时怒不可遏，并非是因为眼前的男子，而是对因为没有申请而导致工程无法进行的官僚制度。

他早就严格下令，在所有项目中，宽带是重中之重。

“这人毫无疑问是个天才。”被孙正义称为天才的男子名叫筒井多圭志，他于1960年生于大阪，时任软银BB的CTO（最高技术负责人）。

“用不着申请，想要什么器材尽管采购进来吧。而且，明天还要召集100名员工。”孙正义下令说。

“这太难了。”

既然是突击项目，就必须凑齐人员。

孙正义想要研制的，是单纯通过IP（Internet Protocol，互联网各通信设备通用的通信地址）把全国连接起来的互联网。这在世界上还没有先例，为此他投入了全部的精力。

但是，孙正义确信这个目标一定能实现。全世界都在使用ATM模式（非同时传送模式）的宽带，技术层面的稳定性当然已经得到验证。与之相对的是，筒井用纯粹、完全的IP将全国连接起来的设想可以说是前无古人。举例来说，ATM的信息传送容量是53比特，而IP是500比特，约有十倍之多。

全身心地投入到前所未见的模式，这个赌注未免也太大了吧？换作常人早就知难而退了。

“这个项目需要高度保密，每一个环节都要小心谨慎。”正是抱着这样的想法，孙正义从早到晚都躲在大楼的一间房内，从不在总部现身。

公司内也是引起了一阵不小的骚动。软银对全世界800家公司融资，孙正义必须出面统率这800家企业，可以说他掌握了许多人的前途和命运。但是，老板却说：“无论什么事，都别来找我。”

总帅发话了，周围的人也犯难了。

“我不知道，大家想怎么做就怎么做，我需要集中注意力。”

孙正义会突然委托别的工作来岔开话题，声称所有的事都别去找他。

为了完全还是个未知数的宽带互联网，孙正义投入了全部的精力。从外人看来，当然以为老板是心烦意乱了。当然，孙正义并没有慌乱，他的目标很明确——宽带高速互联网。

所有的媒体都要改变，必须建起通信互联网。电话通过IP连接；将电视节目和视频点播系统合二为一，把电视、电影、视频软件一网打尽；音乐和游戏软件的流通量也要有成千上万之多。通过这个互联网系统，软件行业乃至市民生活都会发生巨大的转变。

所有软件通过IP互联网和世界连通，而支撑这个基础设施的软件宝库就是名叫“软银”的公司。

无论如何，必须掀起数字信息革命。为此，纵使没有先例，也要建起纯IP的互联网。这是孙正义和“疯子科学家”——筒井的共同理想。

孙正义具备和筒井一起兴起革命的志向和气概，当然，筒井的技艺他曾亲眼目睹，也一直念念不忘。但是，把这个设想拿去让世界顶级工程师们去验证，他们异口同声地否决说：“你们错了，这是办不到的。”

筒井和海外超一流的CTO们激烈争辩了三天。虽然对方对理念大致有所了解，但是还无法进行验证。太危险了吧？要实现这个目标，设备备齐了吗？而且，软银还从未经手过这样的互联网操作吧？冒着重重危险，这也太不明智了吧？在他们看来，这就是一场鲁莽的赌博，没有一家愿意合作。

决定由孙正义来下，他说：“明白了，你们不参加也行。我可是做好了和筒井同生共死的心理准备，所以会百分之一百地支持他的想法。”

孙正义比谁都了解筒井。20年前，筒井就读于东京大学，而且是该校电脑俱乐部成员，孙正义从那时就开始关注他了。

感受到UNIX商业的重要性，孙正义带上具备UNIX专业知识的筒井数次飞往美国展开调研。

“这说明他是个天才。而且，还在念书的时候，他就独自开发出一些传说中的软件。比尔·盖茨单枪匹马地编制BASIC语言，而筒井则一个人编写了C语言的编译程序，难度要更大，这也体现了他的过人之处。”

筒井的母亲看到儿子沉迷于电脑，为他的未来考虑而担心不已。母命难违，筒井从东京大学工学院转到京都大学医学院，并且取得了医师资格。但是，比起成为一名临床医生，他对最先进的通信更有兴趣。毕业后，他进了一家小型软件公司，一边管理公司，一边研究ADSL。

“比起做一名医生，你不来参加对成千上万的人都会产生影响的革命吗？”

孙正义决定开展宽带业务的时候，筒井正在大学做讲师。

“你可没时间在大学闲逛了，宽带已经起步，赶快辞了，到我这里来吧。”

2000年4月，在孙正义的劝说下，筒井进了软银。但是，谁都不了解筒井的实力，公司内部也常有争论。他的思想太过超前，常人很难理解。

“您是听筒井的还是听我们的？如果您采用筒井的方法，那我们干脆辞职好了。”技术员群起造反，一起逼问孙正义。

孙正义满不在乎地说：“知道了，有这样水火不容吗？那你们辞职吧，我只要筒井一人就够了。”

有几个人真的递交了辞呈。半年后，剩下的那一半技术员不得不承认，筒井的观点是正确的。

一说到筒井，孙正义就打开了话匣子：“他说的话总是直指事物的本质。无论是语言表述还是展示模型，我都无所谓。不管他穿得多么破陋，也不管他怎么说，我一点都不在意。筒井的话从技术本质上来说非常正确。”

当时，全世界的基础设施公司都是通过ATM构建起互联网。

“但是，这是给模拟电话强行加上网络技术，并不是革命性的互联网。换言之，ATM只是看起来像IP罢了。从IP的原理来说，如果不是以IP建网，那就不是真正的互联网。”

言下之意极为简单明了，如果没有将IP纯粹用技术展现出来的互联网技术，革命就无法产生。

“筒井的过人之处和了不起的地方在于，他完全从技术的层面来考虑问题，不会被常识所左右。在他看来，数字世界很美，而他追求的也是数学的纯粹之美——简单而又美丽。”

而ATM技术就毫无美感，它面向过时的虚拟交换机，从本质来说完全就是东拼西凑。

孙正义曾担任过Xisco（思科）系统公司的外部员工，Xisco是世界最大的IP设备供应商。而且，他还和世界最大的局域网OS供应商诺威勒公司组建了合资公司。

与这样的公司组建合资公司，建立起合伙人的关系，由此孙正义始终关注着互联网的基础建设。

因此，他对IP时代的到来深信不疑："打造互联网，这是我的核心思想，再加上筒井对互联网结构的设计，可以说，结构和思想是完全吻合的。"

把孙正义的思想通过单个设备或OS展现出来的是微软、诺威勒、Xisco系统，而将它从全国性的网络推向世界的设计师则是筒井。如今，所有的涓涓细流汇聚成了汪洋大海。

IP并不复杂，它的结构很简单。

孙正义在十七八岁时，曾为电脑芯片的美而激动得热泪盈眶。

"现在我能感受到与当时一样的激动，IP也是让人意想不到的美丽。"

遵循原理和原则的具体结构表现就是100%IP的互联网。价格非常便宜，性能非常高效。成本只有1/10，性能则有10倍，性价比达到100倍。

如果使用宽带的用户增多，性价比还会更高。

筒井这样描述孙正义："孙先生虽然是个企业家，但是他也担任CTO，对技术有很深的了解，理解之深刻甚至远胜于我。我只是给他帮忙而已，虽然知道IP电话技术上是有可能的，但真正变为现实还是多亏了孙先生。他说我们做做看吧，结果就一定会去做，这样的决断力真是了不起。"

接下来还会有什么可能呢？

移动中也能上网；保持宽带流量稳定；无须基本费用，按流量计价。

筒井声称："太阳能电池等可以产电的设备全都连在网络上，无所不在的社会就在不远的将来。"

21世纪将是无所不在的社会。而这个历史的转折点是2001年，即开展宽带业务的第一年。

这也是天才和天才共同构筑新时代的日子。

同年9月11日，世界同时发生多起震惊全球的恐怖事件。

时代卷入了激烈的变革之中。

与NTT交战，落实宽带互联网业务

在世人的眼中，巨人NTT是不可挑战的。但是，有一个人就敢冒天下之大不韪。

“创业以来，我还从没有经历过这样痛苦的事。”

1981年9月日本软银创立，2000年2月股价升至顶点，然后开始下滑。

评级公司JSR把软银的信用等级划为bb级，定性为“投机型”公司。新的资金来源就此断绝，软银可以说陷入了绝境，股票市场价格也缩水到原来的1/40。

2001年1月6日，《高度信息通信网络社会形成基本法》（IT基本法）实施，根据该法律，各类竞争政策或制度放宽相继实施。

“为了这一刻、这一天，我已经等待很久了，我认为我们也能参与其中了。”

孙正义果断决定，把所有的资源都投入到宽带上。雅虎·BB在东京的实用性试验很顺利，因此工程尚在进行中的时候NTT就收到了申请，申请者两周时间就达到了50万。但是，宽带业刚开始步入正轨，就遇上了NTT这个大障碍。用户们纷纷投诉说，即便递交了申请依然不能开通宽带。

“软银成立20年，还从没碰上这样胡来的交锋。”

孙正义在所有场合都做好充分的准备，如果局势不利，他会极力避免挑起战争。

但是，孙正义竟敢直接挑战NTT，这可是远胜于自身的对手。虽然NTT分为东、西两家，但是依然处于控股公司的控制之下，这实际上和原电电公社时代的独占没什么两样，管线、电线柱、信号楼都是垄断使用。其弊端也以各种形式体现出来。

开通雅虎・BB需要在NTT的信号楼内办理接线，NTT则对此加以阻挠。举例来说，电话的名称和雅虎・BB申请者的名称不同就会延缓办理。或者，作为国民公共财产的电线柱基本也是NTT独占。要想申请在楼内设置互联网设备，办理手续繁杂，而且需要很久才能办妥。

NTT采取拖延战术，而要想使用信号楼内的本地服务（互联网设备的设置）或者相同信号楼之间的暗光缆（铺设但不使用的光缆），也处处存在着极大的不公。

NTT只是摆了一个民营化的姿态，时至今日依然是一手遮天，一般企业根本无法与之公平竞争，孙正义对此明确表达了愤怒："绝不能回避这场战役。"

以织田信长为例，这就是桶狭间战役。虽然处于明显的劣势，但是他无论如何也要战斗到底。

2001年6月29日，孙正义走进了总务省，他做好了艰苦的心理准备。

"NTT已经是谎话连篇了，明明有暗光缆，偏偏说没有。"

他想用暗光缆将几个信号楼连起来从而形成一个环，但是因为NTT不交出暗光缆，缺了几个楼迟迟无法连接，工程无法完工。他给总务省打了电话，也当面去表示抗议了，可管事的官员光听不做。于是，孙正义下了最后通牒。

"你们其他没什么了不起的，但是却有许可权。你们必须警告NTT，否则我们没法进行下去了。"他追问官员，"不能让客户再等下去了。人们都向NTT修改宽带申请，而不是来找我们，对于企业家来说这比死还难受。如果持续这种状况，那我的事业也到头了。我会召开记者会宣布中止雅虎・BB，然后回到这里浇上汽油。"

他对总务官员说："你有100日元的打火机吧？借我一用。"

“哎？你想干吗？”与孙正义同辈的官员惊讶地提高了音量。

“我要浇汽油了。”

这可不是演戏，他是认真的。

孙正义横下了心。官员颤抖着声音回答说：“我们会展开调查。”

果然，当晚他就打来电话：“NTT东日本拿出了几根暗光缆。”

而且，NTT也派出了联系人想和孙正义见上一面。

孙正义对NTT的官僚体制深为愤慨，无论如何都不能让客户干等着。

“对我们来说，最难的不是互联网的技术开发和实验，而是向NTT递交资料。打个比方来说，只要错了一个字就得等上一个月。明明有电偏偏说没电，于是我们自己去接电。结果，虽然全部设计都有改动，但是仅用两周时间就完成了。可他们却说这样做要花三个月的时间，这不是太奇怪了吗？”

和NTT的交战旷日持久，孙正义每天工作到凌晨三四点，双休日、中秋节和新年也没有休息。

就像20年前创业之初一样，他斗志高昂：“为了公司，我可是连命都押上去了。因为客户都在焦急等待，大家的命运也都绑在了一起。这不是钱的问题，也不是盈亏的问题，不管出现多大的赤字都没关系。”

与此同时，震惊世界的“9·11”事件发生，全球同时发生多起恐怖袭击。机场紧急关闭，从美国进口零部件的速度也变缓了，他们不得不为此改变设计。

在此期间，孙正义连唯一的爱好高尔夫都放弃了，聚精会神，全力以赴。

因为是新的设计、新的设备，互联网系统也停机了。

“停机啦！”

收到消息，孙正义立刻直奔现场。亲自驾车前往名古屋也不是一两次的事情，手机24小时全开，与工程师们随时保持联系。

“我的头脑一直是昏昏沉沉的。”

即便如此，孙正义依然没有悲观。

因为是和NTT交战，所以他痛并快乐着。他也看清了自己想要努力的方向，为此斗志昂扬、全力以赴，这样的过程其乐无穷。

孙正义向NTT这个最大的股东挑起了战争。

“只能坚持不懈地斗争到底，将它各个击破。幕府末期，长州藩、土佐藩、萨摩藩也是采取这样的策略。虽然势单力孤，既没有钱粮也没有权力，但是他们拥有最新式的枪炮。在刀枪铠甲的冷兵器时期，他们却用最新式的武器抗击敌人，一举反败为胜。我们现在看起来也是毫无胜算，但是IP技术就是我们最新式的武器。”

最先进的科学技术再加上燃烧的斗志，这就是孙正义的进攻利器。

革命不会在日常情况下爆发，它百年一遇，随着惊天动地的响声从地底传来，整个世界都被掀了个底朝天。

虽然NTT集团利益超过1兆日元，但是自成立以来，它的业绩首次下滑。虽然只是两三个百分点，但是世界到处响起“NTT真可怜”的声音。

“业绩下滑就说NTT可怜？开什么玩笑！我这边也是遭遇自成立以来的最大赤字，那可是1 000亿日元啊！即便弹尽粮绝，我们也要拼争到底。把仅有的钱粮和兵力都投入到战斗中去，这简直就是在乱打了吧。但是，资源充足的一方未必就能赢下战争。”

像雅虎·BB这样的软件主导型商业在宽带时代可以优先满足客户需求，在ADSL领域，孙正义凭借着这把利器向NTT穷追猛打。

“对我来说，最不可能的业务一开始就不会去做。要打就要打赢，不打无把握之仗。”

2003年9月5日，软银抛售青空银行的股份，随后批判的声音纷纷传到孙正义的耳朵里来。

“后退的勇气是进军的10倍，决断力必不可少。多路进军，结果一场都打不赢。软银从成立的第一天开始就决心致力于数字信息革命，这是我们所有业务的根源，也是轴心。虽然现在我们就像是在冬季忍饥受冻地作战的将士，但是我们必须斗争到底，而那些枝枝叶叶也必须放弃。这场仗我们非胜不可。”

就连在理解孙正义的人群中，也出现了质疑的声音。

“我很感谢大家长久以来对我的理解和支持，现在只是暂时遇上了挫折。但是过了50年、100年后，我们回首今朝，相信大家会理解我的。”

孙正义的信念毫不动摇，同时积极进行思考：“人生只有一次啊，如果心怀犹豫那可不行。”

出售青空银行股票的原因很明确：“为了资金周转。如果没有资金，仗也打不下去了。既要购买兵器，又要招募士兵，已经到了非卖不可的地步了。但是从内心来说，我觉得很对不起合伙人，所以也很痛苦。”

孙正义行事光明磊落，正大光明：“我很害怕，也很恨自己。从内心深处，我觉得自己丧失了作为男人的风格。我一定要回报他们的恩情，即便是出于道义也要好好报恩。”

2002年5月10日，经结算，软银背负了887亿日元的巨额赤字，尽管如此，孙正义还是面带笑容。第二年，2003年5月9日，宽带业的赤字达到920亿日元。

“早晨起来的时候我高兴得不得了，志向也一点点地大了起来。惊喜一个个冒出来了，所以敬请期待，从百宝箱里还会蹦出许多宝贝来。”

以织田信长来自比，这就是天下布武的大旗。将数字信息革命进行到底，孙正义的大旗无论何时都没有摇动。

2003年8月8日，第一季度结算公布。

“除去广告等吸引顾客的费用，雅虎・BB单月已经实现赢利。”

同年8月，在孙正义46岁生日前，雅虎・BB的会员数突破300万人。

推动宽带革命，打造世界第一的安全系统

巨大的冲击不期而至。

ADSL服务“雅虎・BB”的客户个人信息有452万份遭人窃取，发生了恐

吓未遂事件。

事情发生在2004年1月7日，Y・T（后作为恐吓未遂的嫌疑犯被逮捕）看到了软银销售子公司的8名客户信息清单。14日，该信息被确认为属实。

16日收到宫内谦的报告后，孙正义立刻组建调查委员会。19日，软银总部17楼的办公室，在听取了软银BB副总经理兼CEO宫内谦的汇报后，孙正义亲自拿起电话机，给警视厅高科技犯罪对策中心打去电话："我是软银的孙正义……"

20日，Y・T给软银子公司官员打去电话声称："我朋友手上有数百万份信息。"

21日，对方又拿到了130人的列表，同时第一次发出恐吓说："给海外合资公司汇款几十亿日元。"在和当局商议后，23日，在市内的旅馆，Y・T将一份装有460万人信息的磁盘交给警方。

在24日的前一周时间，Y・T将104人的信息以邮件的形式发给fuufuu，而在24日，fuufuu再次指定邮件退还的条件及负责人。

2月11日，充当Y・T与fuufuu联系人的K・Y被警方逮捕。出于搜查的原因，警方严格下令禁止公布任何信息，包括逮捕K・Y在内。

12日以来，软银继续配合警察搜查。

24日，根据《读卖新闻》晚刊的特别报道，警方已于下午4点向总务省递交了报告。

从25日早晨开始，恐吓未遂嫌疑犯Y・T手中的客户信息开始进行比对。

26日，出访欧洲的孙正义回到日本。下了飞机后，他立刻由成田机场直奔总部，迅速召集管理层官员。信息泄露、公司内部出了罪犯，这是软银有史以来最恶劣的事件。依照过去类似案例，孙正义接受了最为严厉的内部处罚，半年的工资被削减了一半。

27日天色未亮，信息比对结束，经确认，含解约人员的信息在内，共有452万份客户信息流出。

上午10点，集团公司召开了CEO会议。

研究决定，包括信息未被泄露的140万人在内，总计590万人可以获得补偿。某外国董事长“这会助长（希望打击企业的）罪犯的气焰，所以在美国没有资金赔偿的先例”的一番话引起了激烈的讨论，但软银还是决定寄出500日元的邮政外汇以表歉意。最后的赔偿总额达到40亿日元。

道歉的礼品不是购物券，而是邮政外汇，这也是考虑到想为社会做点贡献。过期不取的钱又被退了回来，软银计划设立“信息安全基金”（暂命名），致力于提高社会信息安全、推动残疾人士使用宽带等事业。

当天下午5点半，软银在酒店举行记者发布会。孙正义的脸色一直紧绷，之前即便面临巨大的财政赤字，他也没在别人面前低头，但此刻他却深深地鞠躬：“给客户带来了麻烦，我由衷地表示歉意。”

长达2个小时的记者问答，孙正义亲自出面答疑。他说得很干脆：“我决定，在现有基础上深入地推动宽带革命。”

一旦类似事情发生后，要妥善做出处理，避免二次流出，如在网上流出客户信息、数据落入不法之徒的手中，等等。

为什么会流出信息呢？关于原因必须等待调查。

“一直以来，虽然我们始终追求满足客户的需要，但信息管理不够完善这是事实。对接触系统的人我们也是抱着性善论的观点，缺乏严格的管理。”

但是，今后要反其道而行，坚持性恶论，对公司严加管理。比如说，操作客户信息的支持中心要作为“高度机密区”，严格控制进出，要求人员穿着没有口袋的衣服，并进行指纹确认。设置加密ID、24小时监控摄像头和金属感应器，严禁使用手机、笔记本等便携物品。此外，理所当然地，终端不能连接外部记忆装置，内容也不能被复制。

可以接触客户信息的人数也从135人锐减到3人，用户ID、时间、操作信息等全年全天都做记录，永久保存。

“打造世界第一的安全系统。”

避免最坏的事态，今后以此为戒。

“2005年9月末，雅虎·BB的加入人数突破600万。”在记者会上，孙正义表示该目标不变。

如果用户达到600万，宽带业的年利润就有1 200亿日元。

2001年1月雅虎·BB成立的时候，投诉接二连三："就算提出申请，还是几天都连不上。"如今，困难时期早已过去，对手被一一超越，调查也颇受好评。

"绝不逃避，带着诚意，堂堂正正地直面困难。"从困境中崛起，这是孙正义贯彻一生的哲学。

"就像一按龙头水就出来一样，宽带会走进我们的生活。"

时代正从窄带向宽带过渡，新的时代正在走来。

"我还想改变人们的生活方式呢。转变生活方式，改变公司，这些都是我的目标，社会的基础设施我也想加以改进。我想让心灵和社会的变革能与数字信息革命息息相通。"

伴随着宽带的普及，包括IP手机在内，公用计算机会改变人们的生活，这是孙正义的使命。

"企业的生命可以远远超过创业者的寿命，即便我不在人世了，希望软银还能持续成长200年、300年。因此，怎样设计企业的DNA，这是我最关心的事情。"

孙正义勇于创新，坚持挑战，但也有人批判他保守，质疑的声音不绝于耳：软银为什么不生产商品？为什么不像正经企业那样运作？可以不要全把赌注下在数码产品上吗？

"这样说的话，如果建起生产商品的工厂，这就是正经的企业、英明的管理者？兴办实业的重要性不言而喻，然而反观近100年、200年的日本经济史，在世界上率先使人们的生活方式得到进化，发明、创造、提供基础设施并取得世界领先地位，试问这又有哪位企业家可以做到？

"把欧美研制的汽车、家电产品等稍微降低一下价格投入市场，在流通上小有所成，这样的企业多如牛毛。但那都是模仿欧美，依样画葫芦罢了。"

成为一名实业家，这是孙正义的矢志追求。

“对我来说，实业家就是开辟道路、架设电网、打造社会的基础设施。这就意味着要改变社会的结构。”

这是孙正义最大的人生价值，这其中既有欢欣喜悦，也有热血沸腾。

创造世界最先进的、划时代的东西，这样的喜悦是无与伦比的。

1876年，格拉汉姆·贝尔研制出世界上第一部电话机。

从那以来，在电话机的基础设施方面，美国取得了世界领先的地位。而通过引擎连续提供电气发明，美国成为世界第一的经济大国和信息大国。

“日本要想再度引领世界的技术和经济，我认为，信息领域是唯一的出路。”

作为实业家，孙正义想改变日本的基础设施。他想打造最先进的基础设施，让日本成为最适应数字信息化社会的国家。虽然韩国宽带的普及率位居世界第一，但是要论用户的绝对数量，日本更胜一筹，多达1 400万户。平均增长速度约为韩国的3倍，而价格也要比韩国便宜。日本的宽带连接速度世界最快，是美国的10倍，欧洲的30倍。

“日本基础建设的速度是美国的10倍。如果以高速公路来打比方，那么美国的时速是100公里，日本则是1 000公里。这样的例子在日本的历史上也曾有过，而且我们还能以世界最便宜的价格进行使用，这项技术可以让日本复活。”

而且，他也想过，在将来，光纤会比ADSL排位更靠前。

“ADSL的技术渐渐取得进步，一旦离开了光，信息就看不到了。我们当然也要围绕光制定战略。但是技术需要因地制宜、就地取材，眼下ADSL还是最佳的。”

那么，为此政府该做些什么呢?

孙正义的脸上没有一丝笑容：“我只希望一点，那就是不要加以阻挠。按照日本的规章制度，新公司的参与总会遇到重重阻碍。而在美国，垄断企业才会受到限制，新型企业则会被赋予机会。”

虽然在各方面都传来对孙正义的责难，但是他也能听到支持者的声音。

“人们说这说那的，有人说我冷酷，有人说我不近人情。但是，这都是只看到当前。如果在100年后回过头来看，我该做的、我们公司该做的，就是数字信息革命。这才是最重要的大义所在，除此以外，其他不值一提。”

创业型的企业家在均衡地收缩之后，需要描绘成长蓝图，使整个企业再度平衡地发展壮大。

“如果做不到这点，那太黑暗、太无聊，也太可悲了。真正的领袖，真正的船长，并不是和大家讨论之后再做决策的。而是在船眼看就要沉没的绝境下，即便船员相互斗殴，即便桅杆被一根根锯倒，即便不听从命令的人说道‘你这傻瓜给我跳下船去’，他也必须将剩下的大部分人平安送达陆地。”

这就是孙正义所谓的领袖才能，也是贯穿大义的能力。

因为登上陆地，接下来就可以再次寻觅金银财宝、发现大片土地，然后开垦良田，繁衍子孙，取得巨大的繁荣。

“无论有多少艰难曲折都没有关系，关键是摸索着抵达目的地。简单地说，就是找到均衡发展的新起点。用不着去拉拢、讨好他人，美好的希望就在前方。”

幕府末期的风云人物坂本龙马心怀大志：“给日本好好洗一洗。”

孙正义也怀着同样的英雄气概。

这是包容全国、全社会、全部基础建设的伟力。公平自由，生活富裕，人人都能参与挑战，社会必须呈现这样的面貌，正因为这样，我们才可以快乐生活、讴歌人生。

日本还存在着很多不公，不合理的社会结构很多，穷苦的人不少，创办合资企业也是困难重重。

日本眼下必须重拾挑战国际的力量。

勾勒宏伟蓝图，打造合理的社会结构，只有言出必行才能做到这点。

收购沃达丰日本公司，进军手机行业

条条大路通罗马，罗马的道路就是世界上最早的基础设施。英国用船舶打造了航路这个基础设施，于是大英帝国傲立于世。而打造电气、通信、电动机这些基础设施的则是美国。

在这个时代，哪个国家将最先进的技术作为基础设施展现出来，哪个国家就具备该时代最强的国际竞争力。

“日本到1980年以前经历了战后复兴的高速成长时期，但是始终屈居第二，没能排名第一。眼下数字信息化社会来到，世界最便宜的网络、世界最快的网速、世界最早的IP技术，有了这些持续不断的新发明，日本面临巨大的机遇。”

21世纪的主题就是用信息技术打造世界上最好的基础设施，日本大有机会。

“最重要的是三点：一是志向和信念，二是想象力，三是战略。”孙正义强调说，“日本一定会成为世界第一。”

2006年都灵冬奥会，在女子花样滑冰项目上，荒川静香凭借“艾娜·包尔滑行”[1]的精彩演出征服了观众，获得了闪闪发光的金牌。

同年，王贞治率领的日本棒球队上演绝地大反击的好戏，勇夺首届WBC（世界棒球经典赛）的冠军，震撼了整个日本。

3月17日，春意尚浅，东京疾风劲吹。

软银收购沃达丰的日本公司，记者招待会定在下午5点召开。时间已经超过了，但总经理孙正义迟迟没有露面。此时，在东京汐留软银总部的办公室内，他正与沃达丰的相关负责人争得不可开交。

---

1 Ina bauer，箭步滑行也称艾娜·包尔滑行（由艾娜·包尔首创）。它是一种一条滑腿屈曲，另一条滑腿伸直，呈弓箭步姿势的双足滑行动作。

虽然只是极少数的责任人，但是进进出出，显得十分忙乱。

这可是一笔大合同，律师逐字逐句仔细审查，耗费时间也是理所当然的。

金额总计达1.75兆日元，按照欧美的算法实际就是2兆日元了，收购规模居当时世界的第二位。

此时此刻，孙正义是否还对金额斤斤计较呢？

“那倒没有，钱只是一个数字罢了。重要的并不在于金额的大小，而是（沃达丰的）1 500万名客户。在我收购后，这个数字是原地不动，还是有所增减？这个前景最为重要。”

尤其是同年10月移动号码可携带政策（MNP）即将实施，客户人数有可能大幅减少。

沃达丰必须解决的问题有很多。首先电话很难接通，其次端口设计难看，不符合日本人的喜好。信息内容方面，NTT DoCoMo和au也要更胜一筹。此外，它在企业管理以及品牌号召力上也明显处于弱势。

调查表明，由于移动号码可携带政策，已经有超过三成的客户流失了。假如抽掉这三成，即便好不容易赢利，因为固定支出不变，一下子就会出现赤字。

收购分为股票收购和现金收购两类。如果觉得收购后业绩可以提升，那么采用现金收购，价格要更便宜。反之，如果信心不足，采用股票交易就比较安全，借款也不用增加。

孙正义会选择走哪一条路呢？

他想探索更为险峻的道路，那就是现金全额收购。

沃达丰被人称为“即将沉没的船只”，有没有信心修复这条破船？对于这次尝试，孙正义也是绷紧了神经。

3G时代下的手机互联网，需要几个基站？增加几个信号塔才能不输给对手？增加的Capex（资本性支出，计入资产，作为减值补偿对象）需要多少？投入2 000亿、6 000亿，还是1兆日元？这些都需要做出判断。

和其他公司相比，“望尘莫及”的沃达丰得投入多少才能追上竞争对手呢？

当然，品牌名称也必须改变。

“沃达丰的名字当然不能用了，也不想用。这是个伤痕累累的牌子，所以一定要让它打个翻身仗。”

在这之前，让人意外的是，“软银”这个招牌并不和一般消费者进行交易。软银是从软件流通起步的。连雅虎·BB也是，虽然是软银100%融资的企业，但它至少还用了子公司雅虎的名号。

孙正义不想轻易动用软银这个核心招牌，他说，万一事业不顺，主心骨崩溃了，下一个业务就很难展开。

“我会很莽撞地去进行各种冒险，在他人看来，从某种程度来说这简直是胆大妄为。所以我总是提心吊胆，不管遇上怎样的情况，绝不能遭受致命的创伤。”

手机行业即便失利也算不上是致命伤，于是他放心出手。抱着不退转的决心，是否要拿出核心品牌来做呢？孙正义不禁问着自己。

一般来说，律师之间的大规模交涉恐怕要好几个月的时间。而像本次这样的大型M&A则至少需要半年。为此，孙正义已经奔波了一个月，其决心之坚定、判断之正确自不必说，而这一切又是怎样变为现实的呢？

2006年的正月，孙正义从日常的忙碌中抽出身来，好几天都在独自思考。

他的内心在想些什么呢？

“我该怎样才能拿定主意呢？”

正月休假结束后，孙正义立即开始谈判。

从年末开始，孙正义就和沃达丰的负责人多次见面了，但那时还不是为了收购，而是想以移动虚拟网络运营[1]（Mobile Virtual Network Operation）的

1 移动通信工业飞速发展的产物，是移动电信运营过程中产生的一个概念，主要指移动电信运营中网络和服务相互可以剥离以后出现的，不拥有移动电信网络，却提供移动电信服务和产品的一种新型的移动电信服务商。

方式借用设备，从而在它们的保护伞下开展手机业务。谈判持续了4个月，这里不正体现了孙正义胆大而又缜密的作战方针吗？

过年结束，孙正义也是心中焦急：“真磨蹭啊。”

既然着手干了，那最后一定要登上顶点。但是，基站很少，手机信号很差，客户为此大为头疼。

“沃达丰计划用3年的时间投资设备、增设基站，如果能提早半年完成，也许就可以找到解决问题的办法了。”

说到底，只能走收购这一条路。但是，难题接踵而至。

软银从ADSL行业的谷底好容易咸鱼翻身，刚刚消除了赤字。收购日本TELECOM（今软银TELECOM）后，虽然最初的两年都是赤字，之后也扭亏为盈了。巧合的是，从那以后，每当可以喘一口气的时候，一次攸关企业生存的重大投资也是势在必行。

软银的管理团队群情激昂、喊声震天，无论谁都对孙正义的手腕深信不疑。但是，收购沃达丰的提案可不是轻易就能点头通过的。

通过谈判大致也能预见收购需要2兆日元，但问题是手上根本没这么多钱。一开始孙正义也考虑过和其他公司共同出资，软银拿出30%。

“但是，不是没钱嘛，所以……”

所以……孙正义会放弃吗？

收购或者从事新的业务时，只想着自身有什么，在力所能及的范围内行动，这可不是孙正义的风格。

“这种累积式的人生太无趣了。”

孙正义的首要想法还是“志向”，即优先考虑“推动数字信息革命”这个远大理想。

数字信息革命是从电脑开始的。孙正义最早意识到，将单台电脑连到网络上，变革并不会就此结束。至少从1998年到1999年，他的脑海中已经有了进军手机行业的计划。

“当今的手机拥有几年以前电脑的CPU功能，而且3年后的手机要比现在的电脑还高级。这样一想，包含手机行业在内，如果我现在不这么做，那数字信息革命还能圆满结束吗？”

无论何时，无论何地，无论是谁，无论怎样的信息都能取得交流。只有这样，数字信息革命才能取得进展。离开手机这一环，全局也不能成立。

虽然对1.7千兆赫的手机网络一无所知，但孙正义还是决定从零开始，沃达丰旗下的移动虚拟网络运营商也是选择之一。

但是，孙正义终于迎来了人生的一场恶战。

孙正义在19岁时确立了人生规划——“人生50年计划”。20多岁时创立自己的事业，扬名立万；30多岁时储备作战资金；40多岁时一决胜负，出手大事业。

这时，孙正义49岁，正是40多岁这个阶段。身心俱健，既无后顾之忧，资产也很雄厚。如果说人生如戏，那么现在正是迎来高潮的时候。

“眼下正是决定人生成败的时期，我就是想展开2兆日元的收购。赌上一切，取得成功，这正是50多岁的时候该做的事。届时，我也能实现自己的雄心壮志了。”

孔子曰：五十而知天命。而孙正义在49岁便已知晓天命。10年持续作战，直到登上顶点，这就是“十年战争”。

“但是，从零开始，从1.7千兆赫的手机起步，如果我自己来搞基站建设，光这项工程就要5年时间。把10年的一半时间都耗在这上面值得吗？”

起初用户很少，终端的种类也少，连孙正义也是无力作战。

“在斗志满满的时候，在我力所能及的范围内，我要争取更多的时间。如果2兆日元可以买下时间，那还是便宜的。”

正因为如此，严峻的问题也接踵而来：有没有信心呢？

“如果能保住从沃达丰接手的1 500万客户，现金流有所保证，那还能还得起借款。但是，如果人数减到了1 000万，那就难以支撑了。如果涨到2 000万、3 000万，那又是大赚特赚了。总之，1 000万人就是地狱，1 500万人就能还钱。”

而现实就是，他需要在这里放手一搏。

关于终端，他有很多想法，对软件也是一样。营业上要采取吸收客户的战略。基站方面，增加多少设备合适？涨到多少台可以一较高下？孙正义竭尽所能地进行了详细的计算和缜密的模拟。降低收费会怎么样？吸收客户的成本有多少？设备投资需要多少？什么情况下固定费用会增加？各种组合多达3 000种。

孙正义对所有的战略进行了详细的计算，在得出结论之前需要花上多少时间呢？

“2个月。”

2006年2月，孙正义终于下定了决心，充分展示了他作为大战略家的本领。由软银100%控股，即承担全部风险，而且孙正义决定展开收购。

“话说回来，我到底有多少钱呢？”他笑着询问周围的人。

志向为先，金钱为后，他做决定的时候都没考虑过钱的多少。

“只要胸怀大志，钱不过是浮云，总会有办法的。”

孙正义确实是这么想的：“上升和下降的幅度，我都有目的地进行过计算。只要心底有足够的自信，就能说服别人。”

所有的困难都考虑到了吗？

“仔细想了想，钱可以凑齐。”

软银可以拿出2 000亿日元的定金，但还差1兆8 000亿日元。

“我们只拿出2 000亿日元，出资比为100%。说来有些惭愧，一般情况下这是不可能的。”

如果进展不顺将由软银承担全部风险，这点在他看来至关重要。

“如果有自信，2 000亿日元就能买下价值2兆日元的东西，而且将来100%可以赚钱。”

那采取怎样的结构呢？普通股是由软银100%控股，同时还以优先股（优先取得分红、相应限制管理权限的配股形式）的形式，让雅虎·日本和沃达丰各出数千亿日元。这类优先股属于后偿债务，各企业暂时支出金额，即便业务顺利，分红也只能为所出金额的6%。通过这样固定上限的形式让两家公司出钱，其余的则申请银行贷款。

“我们拿出2 000亿日元，而优先股方面，雅虎·日本1 200亿，沃达丰3 000亿，其他再贷1 000亿。剩下的则以3% ~ 4%实际利息向银行贷款。”

沃达丰自身拥有1 500万名客户，EBITDA[1]实际经营现金流年值有3 000亿日元左右。其中，手机行业的现金流可以向银行还款，保证银行贷款畅通无阻。而且，这类借款不是软银本身借入，而是以沃达丰进行资产担保的LBO（杠杆收购）形式，对软银自身而言，实际上是无追索贷款（原为房地产用语，在特定情况下，债务不追溯到本体的融资方式）。

所以，具有决策权的普通股部分定为2 000亿日元，用自身的资金进行100%的控制。剩下以除普通股之外的资金筹集方法加以补充，借款或融资得到的钱至少也要用钱来还，金钱以外的东西则完全不转让。

这样一来，软银对巨额的收购资金不承担还款的义务。完全规避了风险，而且将来100%可以取得增长。

“从软银的股东来看，如果对客户增加有信心，那么这实际上是一笔相当理想的交易。即便失败，也只是2 000亿日元打了水漂，如果顺利，那可是几兆日元的收益。两相比较，沃达丰·日本那1 500万用户带来的现金流，价值也就没那么大了。”

没钱也能募集资金，孙正义的本领展现得淋漓尽致，他从一开始就胸怀大志。

2004年10月18日，孙正义收购了福冈著名的棒球队——大荣鹰队（今福

---

1 即未计利息、税项、折旧及摊销前的利润。EBITDA被私人资本公司广泛使用，用以计算公司经营业绩。

冈软银鹰队）。

“今后将是信息内容时代。”

作为宽带网上流传的信息内容，“棒球”一直萦绕在孙正义的脑海中。为了推进数字信息革命，信息内容意义重大。

同年，他收购了日本TELECOM，投身到固定通信中来。

如今，软银瞄准了全球，孙正义的设想更是宏大。

“软银要成为日本第一，世界第一。我们要不断努力，今后整个世界都要谈论软银，就像曾经的索尼、本田、丰田那样。”

看看眼下的软银吧。日本用户人数方面，软银移动有1 600万人，雅虎·BB有500万户，软银TELECOM有600万户。每月付费的用户人数总计2 700万，孙正义以亿作为计量单位，称之为“0.27亿”。

“如果不是以亿为单位，我会很不高兴。”

雅虎的用户人数方面，日本为0.42亿，中国是0.34亿，累计约为1亿。而在世界范围内，合伙的沃达丰有5亿人，雅虎4亿，累计有9亿。将上述几项相加，总和有10亿之多。

“面向这庞大的10亿人群，我们自主研发技术，提供商业模式和信息内容，这需要发挥巨大的想象力。”

这是面向10亿人的服务，也是面向10亿人的企划。

“只要能有一条进展顺利，那我们就可以称霸世界了。”

这是多么宏伟的理想啊。

2007年5月，在手机入网协议的每月净增数方面，软银移动超越NTT DoCoMo和au，排名榜首（DoCoMo8万部，au14万部，软银移动16万部）。

“虽然我们5月达到了16万，但因为没有钱赚，所以我们有意减少了4万的预付款。统计虽然是16万，实际上是增加了20万。”

而且，这只是第一个月登上王座，孙正义朝思暮想的心愿至此迈出了第一步。

此前的十多年间连战连败，失败似乎成了习惯。在沃达丰·日本时期，他从没获得第一，J-Phone那时候也是。屡战屡败，势如丧家之犬，而眼下终于独占鳌头了。

“这是某种好兆头！”孙正义难掩喜悦的心情，“说不定时来运转了呢？成为第一，拿到了一次金牌，就想着也许还能再拿一块，信心也就有了。”

孙正义强调说这点最为重要：“想想看吧。员工们、零售店的店员们，还有用户，他们当然会关心自己是坐在行将沉没的破船上呢，还是如旭日初升、乘风破浪的大船上呢？一旦取胜一次，精神面貌也就大不一样了。”

而且，软银第一次正式面向普通消费者做起了电视广告，这同样也是第一。

移动号码可携带服务从2006年10月起步，到了12月，在全部公司、全部机种中，电视广告好感度排名第一，直到2007年4月始终排名榜首。

连续7个月排名第一，长年调查的广告综合研究所称之为“奇迹”。不为人知的软银一下子超越松下、索尼等知名品牌，跃居第一。

每月有2 000家公司投放电视广告，软银独占鳌头。

“这是某种好兆头。”孙正义半开玩笑地说道。但是，他的眼睛并没有笑。孙正义已经看透了这场十年战役。现在，软银移动的品种也已经超过DoCoMo和au，取得遥遥领先的地位。

无论是电视广告还是企业品牌，孙正义都想弄得更加简洁，他亲自参与设计，在新产品的展示会上也强调“款式”这个关键词。新设的“白色家庭24”服务实现了家庭成员24小时免费通话，也是大受好评。

“从今往后的1年、2年、3年，在各方各面，我们都要做到最好。我们一定要大获全胜，取得令人振奋和感动的成果。”

话说回来，沃达丰的收购是否成功了呢？

资金方面，2兆日元借款内的1兆4 500亿从短期借款改为7年的长期借款，让人放心了不少。要问收益怎样呢？光手机业务营业利润就扩增了1.7倍。

那用户数量呢？年净增人数已经是前年的4倍。

软银集团的营业利润也在2007年达到了2 700亿日元，走势恢复，完全走了一个“V”字路线。各领域利润纷纷好转，普通收入也呈“V”字走势，评级机构的打分也上去了。

移动号码可携带服务是否进展顺利呢？签约人数从1 500万涨至1 600万，增加了1 00万人，大可不必担心。而且光5月这一个月就实际增加了20万，在宣布收购后，一年内又涨了100万。由于5月有20万的增幅，年增长实际达到了200万。而且，从1 500万增至1 600万后，仍以200万的年增长量不断扩大。

在收购前，问问自己有没有信心，对此老老实实做出回答，收购的成果也就显而易见了。

此前孙正义曾经历过意想不到的困难。2006年10月，签约用的网络因为太多的连接申请而突然瘫痪，而且广告方面也受到了竞争对手的抗议。

他得向公正交易委员会就“想不到的优惠”[1]大肆炒作免费一事做出解释，电视广告等宣传也决定做出修改。

困难一个接着一个，也有人对孙正义的奇袭战术无法理解，辞职的员工也是大有人在。

“不管做什么事都会遇到困难啊。即便是一流的运动健将，也会有受伤的时候。但是，他们具有克服难关的毅力、潜力和信心。”

人生的道路困难重重。ADSL的艰难时期，个人信息泄露事件，以往经历过好几次类似的巨大考验，他都挺了过来。

“即便在《游戏人生》[2]这个游戏里，玩家不也会抽到火灾、失窃这样的

---

1 软银移动于2006年推出一系列手机让利政策，总称“想不到的优惠”，由“黄金计划”“新礼包”“创业纪念大酬宾”等6项优惠组成，其中包括软银手机之间相互发短信、打电话“0元”等五项免费措施。

2 美国的棋盘游戏公司Milton Bradley于1960年推出的游戏，类似《大富翁》。

倒霉卡吗？玩上几次，多少总会遇上的吧？幸运，或是不幸，人人都是平等的。因此，在现实生活中遭遇不幸时，我最讨厌的就是找借口，比如说自己是世界上最不幸的人，或者自己还是有实力的，等等。”

有时候他一边训斥着员工，同时自己也是战战兢兢地作战。

眼下正是激战正酣的时候，正因为彼此是并肩作战的战友，所以才会有这样的呵斥和激励。这是考验大家的时候，我们必须克服困难。“又来了？”“交给我吧！”“看我克服它！”这个时候就要有这样的气魄。

就以接力赛为例，按照孙正义的话来说，嗖的一下接过棒的时候“很兴奋”。追赶身前的对手，而且不只是追上去，要相信自己一定可以实现超越。这样一个又一个地追赶，最后就能成为第一了。

孙正义数次体会到这样的痛快，如今软银在手机行业所处的位置不正与此相似吗?

“坚持两三年可不够。对手都差不多存在20年了，如果我们连10年都坚持不住，我会觉得很羞愧。”

基站数量不够，客户不能谅解，品牌缺乏积淀，营业网点和店面还很少，但是绝不会寻找借口。

“虽然所有的事情不能在一瞬间得到解决，但你绝不可以说这本来就是不可能的。”

坚守志向，绝不后退。“不退转”一词源自佛教，随着修行不断提升，境界越高，困难也就越大，这时人只有步步前进，不可向后退缩。

在当前的各类业务中，手机行业是最大的战役。对手也是大公司，从拥有资产、客户数量、对社会的影响力来看，实力极为强大。正因如此，孙正义要全力相搏，直到获胜为止。

“位居三流，含恨而死，我讨厌这样的结果。”

“我要成为第一，而且遥遥领先。”

坂本龙马是幕府末期的维新志士，他组织的海上救援队举的是有两条红线的旗帜。软银的标志则把红色改成了黄色，孙正义现在发起的正是百年一遇的革命。工业社会正向信息社会转变，而推行这场革命的就是软银，两条黄线的公司标志就包含了这样的寓意。龙马向世人揭示了自由的理念，而怀着同样的理念，软银正为了第三次革命——信息革命而奋斗不息。

“给日本好好洗一洗。”

怀着不退让的决心，不屈不挠的孙正义投身于信息革命。

2006年4月，软银收购沃达丰在日企业（今软银移动）。这场世纪收购是如何进展的？笔者有幸面见孙总经理，当面询问此事。

“从一开始，我就有这样的志向。”

1981年公司成立，那时只有两名临时工，身为经理的孙正义站在木箱上发表了演讲：“总有一天，我希望营业额能像数豆腐一样达到1丁、2丁（日元）。”

自那以来，他一直没有改变自己的人生目标。希望通过信息革命来造福人类和社会，这就是他的崇高志向。

经历了各种艰难曲折，软银在2007年成为具有2兆日元规模的大企业。

“此前都是练习，现在才到高潮，接下来就是真刀真枪地一决胜负了。”

像孙正义这样的人物世间少有，而他恢宏人生的点点滴滴都凝聚在本书之中。

CHAPTER 9

第9章

孙正义和马云

如同宇宙诞生瞬间的大爆炸一样，两个男人引起了一场爆炸。而为此创造机会的，是摩根士丹利国际金融控股公司的分析师。

“世界级的风险投资家想见你。想必会成为你今后人生非常重要的存在。”

1999年秋，这个人收到了一封电子邮件。此人瘦削的脸庞、大大的鼻子尤其让人印象深刻，他就是马云。从名字也可以看出，他是中国人。

马云于1965年出生在浙江省杭州市，刚好在“文化大革命”之前。他从杭州师范学院毕业后，在杭州电子工程学院当了几年英语及国际贸易讲师。转机出现在1995年，他作为翻译远赴美国，在那边第一次认识互联网。马云说：“那种变革的力量让我很受震撼。”

他马上付诸行动。回国就开始创业。他建立了主页制作公司，创办了中国第一个网络商务网站“中国黄页”，踏上了开拓中国电子商务的征程。

1997年，马云移居北京，加盟中国国际电子商务中心、外经贸部以及富通信息技术公司，从事网上交易市场的开发。

同年2月，中国改革的总设计师邓小平没能看到香港回归就逝世了。邓小平在推进改革开放政策的过程中，虽然市场化常常带来一些负面影响，却为现在中国经济的高速增长奠定了基础，这是不争的事实。

马云的神话始于1999年3月。他回到出生地杭州，在一间公寓房里，带着18人的创业团队从这里起航了。这就是“阿里巴巴集团”的诞生。他有着雄伟的目标。他提出“东方的智慧、西方的运作，面向全世界的大市场”的理念，他的目标是要建设美国、欧盟，不用说日本也没有成功的大规模B2B（企业间电子商务交易）网站。

马云提出“希望能够简化中小零细企业对外贸易和市场开拓的程序，为活跃经济做贡献”。这一明白易懂的原则让全世界的投资家都把目光聚集到这一“网络上的新商务模式”上。

初次会面

1999年的年底，收到摩根士丹利分析师邮件的马云，为见这位“世界级的风险投资家”赶往北京。1999年12月1日，是高盛的首期500万美元投资到位的第二天。

当时有两件事让马云感到意外。第一，他没有想到等他的人是孙正义。第二，来见孙正义的不止马云一个人，而是一群人，其中就有新浪网（Sina）创始人王志东、网易的丁磊，他们都是中国高新技术领域的杰出人物，知名度远在马云之上。

分给每人的时间是20分钟。当终于轮到马云开始说的时候，还没过5分钟便被打断了。孙正义对马云说：“我决定投资你的公司。你要多少钱？”

当时孙正义43岁，已经是亚洲第一投资家。其资产甚至一度超过世界首富比尔·盖茨，虽然持续时间不长。马云这样说他当时的印象：“孙正义很聪明，悟性特别高。我跟他一讲他就懂了。他的直觉和理解力都不是一般人能比的。”

孙正义有很多地方让马云觉得亲切："孙正义每次说话都是我要怎么样、怎么样的，这一点跟我脾气蛮像的。"

他立刻就回答了孙正义的问题："我不要钱。"

这是为了显示自己与众不同吗？不，马云真这么想的。他说，筹集资金很容易，所有投资者其实都一样，你赚钱了，他天天盯着要给你钱。

"如果你去追（钱），它跑得比兔子还快。"

这天的会面大概持续了6分钟。在那之前，马云已经拒绝了近40次投资家的投资申请，但他决定接受孙正义的投资。然后两人开始商谈具体的金额。

"我想投3 000万美元。"

孙正义提出的这个数额，没想到马云认为多了。

"有2 000万美元就足够了。太多的钱是坏事。"

马云给孙正义发邮件说："希望与孙正义先生手牵手共同闯荡互联网。如果没有缘分合作，那么还会是很好的朋友。"

5分钟后就收到了回复："请让我参与进来，我们一定会让阿里巴巴名扬世界，变成和雅虎一样受欢迎的网站。"

经过调整控股比例，双方达成一致，经营权仍归阿里巴巴所有。

对于为什么没有全额接受3 000万美元的投资，马云这样说道："是的，我在赌博，但我只赌自己有把握的事。尽管我以前控制的团队不超过60人，掌握的钱最多200万美金，但2 000万美金我管得了，过多的钱就失去了价值，对企业是不利的。"

金钱不是马云的动力。他认为孙正义和他是同一类人，都具有"敏锐直觉"。

"孙正义是个大智若愚的人，他神色木讷，说的英语很古怪，几乎没有一句多余的话。仿佛武侠中的人物。在这6分钟内我们都明白对方是什么样的人——都是相信直觉，迅速决断的人。孙正义理解了我的精神。世界上有钱人很多，但能让阿里巴巴存活下来的只有他一个。因为马云也只有一个。"

两人的相遇真可谓是上天的安排。

软银入资阿里巴巴

2000年1月18日，马云收到软银的2 000万美元的融资。就在这一年4月，IT泡沫破灭，股价暴跌。这之后再没有人向中国的风险企业投资，而阿里巴巴却有充裕的资金。

同年7月，马云成为第一位登上权威财经杂志《福布斯》封面的中国人。10月，他被“世界经济论坛”评为全球100位“未来领袖”之一。“世界经济论坛”以“改善世界状况”为使命，每年在达沃斯举行年会，是一个非常有权威性的非营利基金会组织。

之后，尽管IT界一直风云变幻，但马云总是化苦难为食粮，发挥着他敏于抓机会的真本领。

2002年，C2C（消费者间交易）网站巨人eBay大张旗鼓地进入中国。第二年5月，马云创办淘宝网迎击。在孙正义之后，马云又同美国雅虎的创始人杨致远建立了牢靠的合作关系。

购物网站、在线支付服务、网络广告、软件开发等，接二连三的新方案，哪一个都技压群雄。

马云的优势在于，他总是把取得顾客的信任和提高方便程度放在第一位，而不是只顾眼前利益。他的目标是构筑起所有人都能放心使用的电子商务环境。在阿里巴巴集团统帅的头脑里，装着一幅关于人类更好未来的图纸。

笔者初见马云，是2004年4月，在因西湖而闻名的古都——杭州市的阿里巴巴总部。他通过太极拳锻炼出来细瘦的身躯中充满了自信。

那时大部分的服务还都是免费提供，付费用户约有5万，注册会员407万人，约为前一年的两倍，浏览量平均每天接近500万。这位世界最大因特网市场的拥有者面带和蔼的笑容，用流畅的英语说道：“在中国成为第一，也就意味着在亚洲是第一，在世界上是第一。”

雷曼危机席卷了全球，但孙正义和马云所描绘的未来图纸却丝毫没有动摇。

2009年9月，在距离上海只有30分钟车程的杭州，阿里巴巴总部大楼落成。大楼的设计会让人想起北京奥运会的鸟巢（设计者相同）。占地面积约为东京圆顶球场的2.5倍（126 000平方米），并配备了篮球场和图书馆。员工约9 000人，平均年龄26岁，可以说是一个年轻的公司。“员工在不断地增加，变得越来越拥挤。”（阿里巴巴干部）

2010年5月1日，在中国杭州阿里巴巴总部附近的宾馆，一个月后的6月1日又在东京港区的一家宾馆里，雅虎日本与淘宝宣布将展开业务合作。在中国和日本召开的记者会我都到了现场，见证了那个历史的时刻。

对这一“强强联合”，中日两国政府相关人员也发出了“欢迎”的信号。由此，世界最大的电子商务市场诞生了。顾客多达2.6亿万人，交易额38 000亿日元，商品种类4.5亿种，销售公司210万家，远远凌驾于eBay和亚马逊之上。

现在，中国国内手机用户有8亿，互联网用户即将达到4亿。除了在线业务，软银还掌握着手机通信业务的秘诀。软银持有阿里巴巴34%的股份，孙正义本人也是董事会成员之一，而马云从2007年起也加入了软银董事会。

在东京举行的合作发布会现场，孙正义对挤满会场的几百家媒体铿锵有力地说道：“我希望人们可以超越文化、语言、政治，增进彼此的理解，让世界如一家。”

淘宝和雅虎的合作，将会使语言、支付、海关、送货等烦冗的手续消失。交易的障碍消除了，跨越国境的网上购物将成为可能。

孙正义眼中的马云

我在中国的记者会上问起孙正义和马云10年前他们见面那天的事。孙正义的脸上露出了笑容，他回答说："在马云的眼里，闪耀着与世界上互联网领袖们——我年轻时遇到的史蒂夫·乔布斯、比尔·盖茨、雅虎的杨致远这些人一样的光芒。虽然当时的营业额还是零，他也只讲了几分钟，但足以让我相信他眼中的光辉，所以我决定支持他。今天，此时此地就证明了我当时的判断是正确的。"

而像李小龙一样有着一身功夫的马云则不无幽默地说："我和孙先生是彼此信赖的伙伴，我们讨论过无数次。虽然跟10年前比我们的皱纹都多了，但梦想却一点儿都没变。"

孙正义称马云是"天生的领导者"。

"他在大学的时候，曾经领导过20万人的组织。他是天生的领导者。"

孙正义看马云时的目光非常和蔼。

有人预言，中日经济圈将在2020年赶超欧盟，跃居世界第一。孙正义说："我说'我们国家'的时候，是连韩国和中国一起的。世界工厂接下来会从中国向南扩张到越南、孟加拉等国。全亚洲将发展成一个巨大的市场。征服了亚洲也就征服了世界。"

软银的理念是"靠信息革命使人们幸福"，这与马云的理念不谋而合。

"我想为人们的幸福做贡献。"（马云）

CHAPTER 10

第10章

柳井正和孙正义

都是从边缘出发，历经迂回曲折发展成为日本的代表企业。

“不仅孙先生和我，雷·克罗克（麦当劳的创始人）、藤田田（前日本麦当劳社社长）都是从边缘做起，对既有的行业发起挑战的。相反那些处在行业中心的反倒不容易产生风险企业。”（引自雷·克罗克自传《成功在垃圾箱里》一书中收录的与孙正义的对话）

他们是志同道合的伙伴

优衣库的创始人、迅销公司董事长兼总经理柳井正和孙正义是“同级生”。他们的股票都在1994年7月上市（优衣库在广岛证券交易所，软银在东京证券交易所）。柳井说：“这么说对孙先生可能不礼貌，但印象中一直感觉我们是同一年级的学生。因为都是在同一时期内上市的。虽然行业不同，但我想我们的目标是相同的。”

两位天才的目标又是什么呢?

“我想目标还是‘让世界变好’‘改变世界’。我基本上不太相信风险企业的经营者，因为不靠谱的人太多了。孙先生可以说是唯一的。我感觉孙先生和我，都是日本的新型经营者。能给我这种感觉的人，几乎没有。”

柳井正说他们是志同道合的伙伴，经常相互切磋。

“如果要举出一个给我人生巨大刺激的人，那就是孙先生。感觉就像在彼此竞争，冒昧地说，我们是竞争对手。我从孙先生那里学到的东西比跟同行学到的还要多。我从他那里学到了效率性、高收益性、成长性以及适应变化的能力。对变化迅速反应，这在任何行业都很重要。”

信息产业和服装业，身在不同领域的两个人又是如何发生交集的呢？两个人第一次见面，是1994年，柳井正来找孙正义，向他请教软银实行的当日结算制度。

“记得那时宫内谦先生（软银董事）好像也在。孙正义给我解释了软银的做法，然后我就说那我们也想引进这样的制度，希望孙先生能指导我们。”

孙正义当场就欣然允诺。当然，孙正义也对“优衣库这个出色的公司”早有耳闻。2001年，孙正义聘请柳井正为软银的外部董事。

“在那之前，软银向一般消费者直接销售商品的经验很少。但要发展宽带业务，就必须要跟一般消费者打交道。我想这就必须借助优衣库的柳井先生的智慧。”

孙正义对柳井无比地放心。孙正义说：“柳井先生做什么都始终如一。让他做外部董事，他可以对我们应该注意的地方及时提出指正，支持的时候他也会明确地说出来，让人有放心的感觉。收购沃达丰的时候他是第一个表示赞成的。”

柳井正也看透了孙正义的本质。

“孙先生是个企业家。他胆识过人，做的事情都是常人想都没想过的。这是他的魅力所在。而且他抓住顾客的能力也非同寻常。我说他是‘生意人’。跟商人相比，他作为生意人的感觉尤其出色。像他这样的经营者是极少的。”

他们之间有着不可动摇的信任和敬意。

柳井正还举出一个他和孙正义的共同点。

“我和孙先生都非常憧憬美国的文化、美国的民主。当时美国正好是硅谷成名，特别是信息产业还有服务业等领域发生新变革的时期。因为日本旧态依然，所以我们就更加向往美国。”

两人对美国梦有同感。对于美国式思维，柳井正举了对孙正义影响颇深的雷·克罗克的例子：“他想到开汉堡连锁店时52岁。在日本，这个年龄的人都在考虑退休以后的事了。我感觉他就是美国梦的代表。不管多少岁了，都要向着成功的目标，毫不犹豫地采取行动。这是多么乐观啊。”

而对于成功的秘诀，柳井正举出的是“失败”。他在自传《一胜九败》中写道：“致命的失败是绝对不可以有的，但是去做了然后失败，总比只分析不去做要好得多。失败的经历会让人学到东西，变成财富。”

柳井正和孙正义的想法都是：“没有什么不可能！”“能行！”

思考“应该怎么做”，果敢地付诸实践。失败之后就要从中吸取教训，把失败变成成功。

柳井正说：“看那些成功的人，谁都是在失败的基础上前进。成功的原理原则，只有失败过才会有切身感受。成功者就是失败之后仍能乐观前进的人。只有经过一番跌打滚爬，才能成长起来。”

但有一点，目标要高。

“如果满足于小成功，那就不可能取得更大的成就。成功的标准低了，失败也没有感觉。当你认为自己成功了的时候，就不行了。”

柳井正有着远大的志向，要朝着自己的“理想”奋勇前行，愿景是不可或缺的。

“有理想是好的。即使现实截然不同，也不能没有理想。孙先生和我都是有理想的人。有人也很有理想，有愿景，但他们却不会去思考如何实现，不会付诸行动。他们把愿景和现实分开来考虑，愿景是愿景，现实是现实。但我们想实现愿景。我们的理想都是要做最好的，我想这就是我们的共同点。”

不用说，柳井正的愿景跟孙正义一样，就是“世界第一”。

“世界上最好的公司，世界上最好的商品，世界上最好的服务。即使现实中做不到，也要以此为目标，我认为这应该是干事业最重要的一点。即使有人说我自不量力，但我还是觉得，既然要做就做最好的，否则就没有意义了。各行各业都一样，现在都说是全球经济，所以一定要争当世界第一。比如说零售业，本来被认为是地区产业，但现在情况已经不同了，不再有界限了。也没有国家。甚至制造业和销售业这样的界限也消失了。”

柳井正认为现代日本的问题之一是视野狭窄。

“日本的文化很保守。因为是岛国，所以动不动就给自己划定了国界。现在有一个非常不好的倾向，越是年轻的人越国粹主义。我想这可能是因为对现实认识不足。中国有许多尚未解决的问题，这其实跟日本过去是一样的。然而他们却只会按自己的标准看事物，因而说中国不好。我认为这是日本最不好的一点。我们不能只要日本人幸福就可以了，而要做让全世界的人幸福的企业。”

柳井正说，日本人的DNA最大的优势在于对品质和服务的追求。而把这一点发挥到极致，让优势更加巩固，不断成长，正是企业的生存之道。为此就必须有创造力。如果没有自己创造新产业的意识，作为企业就无法成功。

“每天成长、进化，这才是生存之道。想成功，就要选择处于成长阶段的产业和地区。很遗憾，我们没有成长产业，所以必须自己去创造成长产业，然后在成长的地区发展，我认为这对企业来说是最有意义的事。”

实际上柳井正也是这么做的。1998年，他把所有商品归到优衣库品牌下。第二年2月在东证一部上市。之后，FLEECE（毛外套）系列大为流行。

2000年开始网上销售，第二年在中国开设分公司。2002年他出任董事长，不过2005年柳井又重新兼任总经理。HEATTECH系列和BRATOP系列相继成为2008年和2009年潮流。

在柳井正带领下的优衣库每天都在改观，不断地进化。

美国文化的一个很大的特征是公正，这一点柳井正也深受影响。

“孙先生和我，虽然都是公司的管理者，但我认为高层和员工是对等的，我们公司跟客户也是对等的。这种平等也是美国文化之一。如果这个理想能因此实现，就得说美国的民主是个好东西。”

柳井正认为，公司就是一个“以成长为目的而团结起来的集体”。

“公司有各种各样的部门，各种各样的职位，但这些都是为了把生意做下去而存在的一个组织。不管发现多么小的问题，哪怕是优衣库店前面有垃圾，谁都应该马上去处理掉。”

全体员工在工作的时候都应该有经营者的意识。

“思维方式和行动很重要。但只思考是不行的，还要能实行。要有实行能力。我们需要的是有实行能力的人，而且不能只是一个人，要所有的员工都能够觉得‘我就是这个公司的代表’，这样的公司才真正是最好的公司。”

柳井正在自传《一胜九败》中也这样写道：“如果社长说的就是真理，都去实行，那公司准会倒闭。”

在这一点上，孙正义也持同样看法：“即使是新员工的意见，只要正确就能在会议上通过，如果做不到这一点，公司就不能成长。”

两个经营天才都认为，作为领导者不可或缺的资质是“善于倾听的耳朵”。

“经营需要具备理解别人意见的能力。还要有宽容精神和唤起他人共鸣的能力。没有这些，在生意场上就混不开。”

另外，柳井正和孙正义都认为，公司是为了社会而存在。

“企业不是属于自己的，而是属于社会的。必须要有持续性。不能依靠一个人，而要有很多对该企业持相同信念的人都支持。我认为企业必须要成为这样一个体制。”

优衣库要做的，就是“让所有人穿上好的休闲服的新日本企业”。

“所有人。说所有人，就是要不能有障碍。一说‘所有人’就会有人觉得像量贩店一样只要便宜就好，觉得这种程度的消费者也就穿这种衣服，再好他们也不懂。但我不是这样，我说所有人，是连那些真正懂行的也包括进去的。必须让这些懂的人也觉得好才行。”

“所有”这个词，在柳井正的自传中用得很多。

“我认为，优衣库的休闲服是超越所有界限的大家的服装，无论年龄、性别，还是迄今区分人们的国籍、职业、学历等，超越所有这些。”

我明白了温和的柳井正脸上泛红的原因。

“我们是这一行的专家，是专业的。如果不能为顾客提供这样的附加价值，就没有存在的意义。”

优衣库革新的，是世人的概念。就像雷·克罗克做出“快速、廉价、美味，全美统一标准服务”这一全新概念的汉堡一样，只不过把“便宜而在品质和时尚方面都说得过去”的“汉堡”换成了“快捷且适合自己的服装”。另外，让快乐工作也成为“优衣库文化”的基础。

“我想孙先生和我一样，工作是最快乐的事。工作是最好的娱乐。如果不这样，就不会坚持太久。”

他们都具备察知危机的能力

在这被认为是百年一遇的大恐慌的困难时期，柳井正却认为这同时也意味着巨大的机遇。

“做经营、办实业的人，必须把现在看作机遇。不管经济景气还是不景气，都应该当作机遇。只有这么想，他才能发挥出巨大的力量。”

“现代管理学之父”彼得·德鲁克的理论的精髓是“企业能够为人们的幸福做什么”。柳井正是彼得·德鲁克的追随者，他特别强调“创造顾客”。

“资本主义经常发生这样的情况，从需求和供给来说，供给远远多于需求。如果能用跟别人不一样的方法捕捉到顾客的期望，然后使之商品化，就能以惊人的速度成长。这个时代就是这样的。”

柳井正非常冷静地看待产业。

“像我们这样的科技含量低的企业应该怎么做。像孙先生那样的高科技企业又应该怎么做。我们彼此感觉到了革新的重要性。有了新的技术，就能改变世界。我认为，企业要做的就是发现潜在的需要，用技术去实现它。”

柳井正分析了自己和孙正义的不同点。

“我们是零售业，必须一件一件地往外卖。而孙先生做的是高科技，就像黑白棋一样，当某个局势来临时，会突然发生转变。他过去做的事，从表面看来没有一贯性。但到最后再看，其实是有一贯性的。我们就不一样，确实从一个比较长的时期来看也在变化，却不会在今天或明天突然变化。所以对我们来说，像顾客的评价、和交易客户的合作这些显得更加重要。”

关于孙正义，柳井正还说：“或许孙先生对产业的看法跟一般的企业经营者不一样。现在做通信行业，但我觉得很难说他将来是否会一直做这一行。”

对于和柳井正的共同点，孙正义举出了“察知危机的能力”。柳井正则说，现在的日本无疑正处在危机之中。

“肯定是危机，但对日本企业来说，我认为是个巨大的机遇。说是巨大机遇，是因为此前世界以欧美为中心，美国经济正走向崩溃。中心正在转移到亚洲，而日本正在这中间。我想孙先生应该也这么考虑，日本所有的经营者都应该这样想，必须放弃给自己的事业划上国界的做法。”

日本正迎来“经济战败”，问题是“之后怎么做”。

“我认为日本所有的企业都在迎来第二次战败。日本在第二次世界大战中战败，沦为废墟。但日本企业就是在那之后成长起来的。现在的情况不如政府所说的那样乐观，我认为会发生经济战败。美国也在走向战败，或许日本经济早就失败了。所以我们必须再一次走向世界。现在是重新从头思考如何在世界范围内发展我们的商业的时候了。”

现在，两位天才正率先站在新的起跑线上，开始大展身手了。

“日本现在的经济实力差不多世界第二吧。所以我想软银也是。但是如果不能在日本成为绝对的第一，我就走不出去。所以我对软银的期待是成为日本第一。当然，优衣库也会以世界第一为目标。”

优衣库提出了到2020年将联合销售额提高到5万亿日元（合约600亿美元）。其中在中国的销售目标是1万亿日元。优衣库的目标是成为“世界第一的服装制造零售企业”。柳井正说：“我希望世界第一的企业都是我们的。”

不用说，孙正义也是一样的想法。

延展阅读：谈孙正义

柳井正（迅销股份公司董事长兼总经理）

从“同年级同学”到外部董事

我所经营的迅销公司和孙正义先生的软银都是在1994年的7月上市的，两家公司可以说是同年级同学。正是因为这份亲切感，在公司上市后，我去拜见孙先生，这也是我和他的第一次见面。当时，孙先生说：“软银使用PC电脑和局域网，实行每日结算。”听到这句话后，我就想，我们公司也要这样。

从那以后，身为管理者，我俩时有往来。2001年，孙先生邀请我担任软银的外部董事，我欣然从命。我自己也对孙先生做的事很感兴趣，而他虽然志存高远，但从旁人来看也有不足的一面（笑）。因此，为了防止孙先生遭遇失败，同期上市的我也想略尽绵薄之力。

如果是其他人拜托此事，我想我会马上回绝，毕竟我也有自己的公司需要打理。只是，软银公司作为日本的风险投资企业，我还是非常希望它能取得成功，因此才会接受孙先生的邀请。

风险投资企业的管理者需要向世人揭示重要的道理，也要讲述理想。但是现实很残酷，所以见风使舵也快。说到这一点，有些大企业的管理者对风险投资企业缺乏了解。在他们看来，风险投资企业言行不一。其实，这是企业文化迥异的缘故。

只是，当时的软银也是这样，想成为正式的大公司后，却发现不理解大企业的文化也是不行的。所以，我觉得，这时候就需要像我这样的人从旁提醒孙先生说“这个有点不对吧”“眼下还是这样做更好吧”等。

尤其是在收购沃达丰之后，软银已经成为日本代表性的优秀大企业了。业务必须顺利开展下去，不足之处也需要加以弥补。

我常常说，无论个人也好，企业也罢，保持柔韧性和坚持一贯性至关重要。最终希望实现怎样的目标？如果离开了这个理想，一贯性就无从谈起。而另一方面，现实和理想存在差距，如果朝着理想一根筋地挺进，恐怕结果只有死路一条。因此，面对现实，想一想为了生存该怎么做，这就是柔韧性。这时，我个人既可以本着“不给他人添麻烦”的原则履行外部董事的职责，有时也有必要不插手其中。

实业家和投资家的区别

软银公司在我出任外部董事的10年前就存在了，发展至今，业务也是越来越大。在此期间，孙先生所说的“数字信息革命”取得进步，眼下，移动计算机的时代已经到来。10年前，虽然我隐约感觉到软银可以取得今天的成就，而孙先生这一路走来也走过一些弯路。因为他心太活了（笑），所以我常常提醒他“别分心”。他现在走的就是正道，因此必须坚持到底。创业30年纪念时提出的“新30年的展望”也希望能同样坚持下来。

孙先生除了实业家的一面，也有投资家的一面。但是，和投资家相比，我更希望他能将实业家这一面践行到底。投资家某种程度来说就是投机家，而互联网和关系到未来的产业需要大量的投资。这样一来，就算孙先生有意致力于前途有望的实业，在世人来看，他还是像个一夜暴富的投机商，很少注意到他作为实业家所取得的成功。身为大公司的管理者和老板，通过投资和收购开辟新的产业时必须格外小心注意，至少不能给相关人士添麻烦，否则辛苦的努力就会付诸东流了。

因此，我的意思并不是要大家只盯着日本国内。但是，日本企业首先要成为亚洲第一，然后才可以瞄向世界第一。

虽然日本是发达国家，但大部分企业都窝在国内，这样是没法得到成长的。眼下必须打破国界的束缚，也必须消除行业的壁垒。

软银也是，销售自动翻译机的许可、流通游戏软件、提供电脑和局域网、投资互联网、普及ADSL、收购固定电话企业、收购手机企业，它的主营业务一直在变。软银能有今日的规模，说明此前的业务转变是正确的吧。但是我也心存疑问，这里面有没有始终如一的东西呢？毕竟，保持一贯性地开展业务原本就是十分重要的。

软银已经不是单纯的风险投资企业了，它既是日本风险投资企业的代表，从规模来说也是日本大公司的代表。因此，成长和赢利很重要，不仅如此，它应该成为行业的舵手，成为对日本或者世界来说真正优秀的企业。正因为如此，就必须要打造“成熟的软银”。大家想必都是这样认为的，而且也希望软银不仅纵横日本，也能驰骋全球。

孙先生和我都是从小型企业起步，只不过我是一件一件地销售单价几千日元左右的衣服，累积起来也就几千亿日元。这是实业的积累，和投资相去甚远，所以我比孙先生能更多地体会到一层艰辛，这也是我引以为豪的地方。当然这不是在比较孰优孰劣，只是我不禁会想，今天的软银已经形成如此之大的规模，也有必要着手向实业的方面多多靠拢了。

如果有所感动，希望展开行动

《信仰——孙正义传》的电子书（2010年4月发售）畅销全国后，推特

（Twitter，国外的一个社交网络及微博客服务的网站）上也能看到很多人的读后感。我十分理解读者阅读之后的感动，以及希望将这份感动向他人表述的心情。

但是，我还是想刺激一下各位读者。

看了孙的成功故事后，光是受到感动和激励是不行的。我希望大家想想“如果孙先生能取得这样的成功，那我自己是不是也能做点什么”，然后有所行动。

孙先生是两手空空创立今天的软银，和过去的他相比，今天的读者是不是处在一个更好的环境呢？所以，大家也一定要行动起来吧。大部分的人看过书后，“太精彩了”“受教了”，感动一下也就到此为止了。但是，这样没有任何改变。

日本人喜欢学习，但很多人是为了学习而学习，这样毫无意义。无论是谁，在现阶段理应有许多力所能及的事。

“说不定，孙先生做的那些事我也可以做到。”我希望大家能带着这样的想法，连我在看这本书的时候也是这么想的。

孙先生是高中退学然后赴美留学的，与他相比，今天留洋要方便很多，年轻人必须更多地走向世界。相应地，外国人也必须更多地涌入日本。日本人最大的弱点就是没有和外国人共事、没有和外国人一起生活。

当今世界是开放的世界，更多的外国人来到日本，日本人也必须渐渐走出国门，在全球大显身手，让日本变得越来越富有生机。

CHAPTER 11

第 11 章

孙正义专访实录：未来的机遇在哪里

我在执笔本书之际，对孙正义进行了三次独家采访。

2009年3月和7月各一次，第三次是在软银“新30年愿景发布会”后的2010年7月。采访时间总计超过5小时。

孙正义所讲的内容可谓“咳唾成珠”。一字一句都非常精彩。我尽可能保持原有的形式，忠实记录。

从中想必您将理解软银“新30年愿景”成形的过程中，孙正义绞尽脑汁的思考。

第一次专访：愿为全世界人做贡献

2009年3月25日，我在软银总部对孙正义进行了第一次采访。那天，我心情振奋，充满期待。

当时正赶上“百年一遇”的世界性经济危机，2009年3月举行的第三季度决算说明会一开始，孙正义说："我深深庆幸自己做的是手机行业。"于是这次采访我从询问这句话的真意开始了。

从事手机行业的两点背景

我庆幸自己做手机行业，这么想有两点背景。一是世界经济如此恶化，对于买东西大家都会有所顾虑。无论是买房、买车还是买家电，这些行业的销量都急剧下滑。

对于生产和销售硬件的公司，每年卖出相同的台数才勉强保持和往年一样的收益。然而我们通信业却不是卖东西，而是提供服务，因此营业额是依赖累积用户数。比如说，假设我们去年卖给100个人手机，今年只买给50个人。但我们的营业额却不会减少50%。相反，累积用户数增加了。也就意味着营业额和利润与去年同期相比是不减反增的。

所以说，对那些必须每年把东西卖出去的企业来说，在这经济萧条的时期是非常难受的。但对手机行业的人来说，从全球来看今年（2009年）的赢利与去年相比是增加的。我在世界各国的手机行业中认识不少朋友，大家都说，手机行业在经济不景气时期利润和营业额仍在稳步增长，从这个意义上说，手机行业对经济萧条有很强的免疫力，有着资金充裕的产业结构。这是第一点。

第二点，2008年年初，我说"这一年将成为手机上网元年"，果真被我说中了。iPhone等把重点放在上网功能上的手机陆续推出。正好是5年前，我们就预见到"有朝一日互联网的中心会从电脑转移到手机"，从那个时候起我就开始争取手机方面的执业许可，做了各种各样的策划。再过10年，通过手机上网的用户预计会达到七成以上。

到那个时候，网络公司要成功，不做手机就不可能成功，那样的时代一定会来。这一年就能充分强烈地感到这种预兆。要办许可证，要收购，这些准备就得四五年，所以那个时候开始着手让我很欣慰。

孙正义所贯彻的生活“姿态”

毋庸赘言，孙正义是位极具先见之明的企业家。从在加利福尼亚大学伯克利分校时发明自动翻译器起，孙正义的眼力，还有他的想法是从何而来？在进入正题之前，我询问了孙正义所贯彻的生活“姿态”。

我想这要归结到我的人生计划。人生只有一次，是想普普通通地结束一生，还是怀着远大的志向，觉得自己生于这个世界，就要使人们的生活发生变化，改变世界，贡献人类，怀着这般高瞻远瞩的理想，并为之燃烧自己的生命。选择的活法不同，自己的人生喜悦、感动也截然不同。

当然，人各有各的价值观，不能说什么好，什么不好。不过我从小就有四个选项：小学老师、画家、政治家、企业家。如果那时最终的决定是要做个穷画家，那我的人生也一定是幸福、满足的。那时我的目标不是成为富有的画家，而是要做一个穷困潦倒的画家，不为卖给客人而作画，而是希望一张也不卖，画自己最喜欢的画，自己的创作一张也不卖，如果能这样终此一生，是最快乐的。

如果要做小学老师，那我的目标就是成为40个或者50个小学生最棒的人生良师。我希望能让他们长大以后觉得自己遇上了最好的老师。

所以，价值观因人而异，但既然要做点儿什么，为自己的远大志向度过一生不好吗？而且，如果可能的话，先确定人生目标，然后在此基础上确立长期的愿景，而不要满足于短期的愿景。我最终选择了企业家这条路，但要说我的志向，要为尽可能多的世人，不一定是日本人，美国人、中国人都可以，一句话就是要以某种形式对全世界人有所贡献，要做这样一番伟业，这是我的出发点。

“软银的手机世界第一”的意思

“对全世界人有所贡献的企业家”。孙正义的软银在日本手机行业的营业额排在第三位（2009年）。但是孙正义说："在日本是第三，但从世界来看，我们是第一。"这又是什么意思呢？

既然要做，就做最好的，拿冠军，这该是企业家应有的目标。就像奥运会上争金牌，棒球比赛要以世界第一为目标一样。遗憾的是，在日本手机行业，我们是最晚发展起来的。DoCoMo、KDDI都已有20年、30年的历史，我们必须赶上它们。而要在日本国内一点点地增加用户，需要相当的时间和设备投资，这是传统手机行业的情形。

也就是说，如果手机行业是一个以语音为中心、电话收入为主的行业，我们是后发的。但如果把手机看作是上网的工具，现在才刚刚开始，我们不是最晚而是最早的。不是跟在别人后面，而是作为业界的开创者，做行业的引领者。这才比较符合我的性格（笑）。模仿别人，跟在别人后面拾落穗，跟我的性格不太相符。我不这样，而是开拓一条新的道路。对最前端的东西，比别人早一步思考，想得更深入一些，先发制人。这么想来，现在确是互联网机器元年[1]。

想到这点，而且要在世界范围内去做这样一项事业时，日本的优势是什么？日本3G、第三代手机的普及率是世界第一的，约为90%。而在欧美的普及率为20%~30%，还有很大的发展空间。日本人口比美国、中国、欧洲都少。但从3G来看，普及率是世界最高的。手机变身互联网终端最为关键的一点是通信速度。不管硬件软件多么强大，不管提供的内容多么优秀，如果网速太慢就没法用。

从这个意义来说，我们不能一味抱怨日本人口少、日本人保守，找种种借口，那样航船将寸步难行。依我的人生观，不该从抱怨牢骚开始，而要看到这里有希望，这里有机遇。毋宁说我们正是要发现这样的地方，从积极的一面切入。这样你就会发现，日本拥有世界第一的3G普及率，日本手机硬件

1 移动互联网元年。

的性能也是世界顶级的，不是吗？所以在这互联网机器元年，日本将最早体验到它的好处，而相关的网络、硬件、软件、内容也都将从日本开始。

所以说，日本的人口只有1亿多点，但如果能说服中国移动、沃达丰，就可以说有了10亿用户。我们去年（2008年）商讨了三家公司携手合作的构想，当时统计的用户数是7亿人。但今年再重新统计后，已经变成10亿人了。一年增加了3亿人。一年增加的用户就相当于日本人口的3倍。也就是说，我们的合资企业向世界最大的联盟所拥有的10亿用户提供互联网终端的技术标准，建立起互联网终端的商业模式，而这个合资企业的第一任总裁就是我。

培养孙正义“世界第一”想法的源流

世界第一。这样宏伟的想法从何而来？孙正义将为我们追根溯源，逐一道明。

中国曾经在长达几百年的时间里处于世界第一的地位。美国也是，从20世纪一直稳坐世界第一的位子。曾经的西班牙、英国、罗马帝国都一度登上世界第一的宝座。体验过世界第一的国家的人，因为自己的历史中有过成功的体验，所以他们的思路开阔，会想为人类创造一个新的舞台，在他们从小读的历史教科书里，也会出现实现如此宏愿的英雄。

然而，日本的历史教科书中的英雄，不管是织田信长还是丰田秀吉，讲的都是称霸日本国内的故事。我想可能因此人们思考问题也局限在日本国内。

是坂本龙马把日本从持续几百年的武士时代中解放出来，他认为人人平等、自由，提倡自由民主的思想。他临死前说的最后一句话是：“比起在明治新政府为官，我更想成为世界的海援队员。”成为世界的海援队员，能这么想的人为数不多，他是其中一位。

我很幸运，能够从事互联网这一无国界的工作，而且16岁就去了美国，我的祖上两三代之前是中国人，后来到了韩国，又到了日本，所以可以说到过许多国家。在这个意义上，没有必要停留在一个小的规模。至少梦想要大，志向要高远。能实现到什么程度我不知道，而且也不一定是一个人的力量能够成就的，但我们有志同道合的同伴，也就是我们的员工，甚至范围可以再扩大，全世界拥有相同志向的企业集团共同追求，不是也很好吗？没有必要单靠一家公司去成就，联合企业不也很好吗？就是这个意思。

孙正义常说："是伯克利塑造了我。"

跟孙正义同期在伯克利分校经济学院学习的前村祐二（现居美国，注册会计师）说："在美国，一般程度的努力成功不了。智力、体力、运气，孙先生这些兼备了。"

孙正义在伯克利分校时的恩师，参与开发后来1亿日元卖给夏普的自动翻译器的电子语音合成器世界权威福莱斯特（Forister Morzer）博士对我说："我认为在这个时代成功需要两个人。一个是像孙正义那样对未来有着近乎疯狂的想法的野心家。另一个是能够对这些想法进行过滤、选择的人。孙正义身边有一位好朋友会告诉他哪个主意好。这是非常重要的。"

伯克利和美国对孙正义有着怎样的意义？

怎么说……作为我来说也有那么一点点自卑感。我最初知道自己不是日本人，是在幼儿园的时候。幼儿园的时候，被说成日本人或者什么人，还不懂那些词语是什么意思。虽然不懂意思，但我已经意识到自己跟家附近的小孩是不同的人种。也因此，从幼儿园回来的时候被扔石子。当时的打击一直成为我的隐痛。小学、初中的时候，仍然有这种自卑感，几乎要隐姓埋名，也不跟人提自己祖上的事。这种自卑最终导致了我对美国的兴趣。

迫使日本战败的国家、世界上最强大的国家是什么样子。为什么美国会在战争中成为最强的国家。汽车也最多，电视也最多。但看教科书上写的，在那个国家歧视黑人，有各种人种，连皮肤的颜色都不一样，就导致这种歧视、自卑的情形更严重，甚至危及生存，却有许多人战胜了这些。我想看看这个国家，所以高一暑假我第一次去了美国。

去看了之后，跟我想象的完全不同，下飞机的瞬间发现，全是外国人（笑）。在机场里走来走去的人们，感觉都像是在“周日西洋剧场”里的演员。那里有白人也有黑人，有墨西哥人也有亚洲人，各色各样的人，都若无其事地走着。没有藏着掖着，都像平常一样走着，谈笑风生。

啊！这个国家果然了不起，曾经烦恼我的事情是多么渺小……

美国大大改变了16岁的孙正义。少年意识到自己的渺小。

我就感到自己的烦恼多么渺小。日本人和韩国人，皮肤的颜色、眼睛的颜色、身材不都差不多嘛。相比之下，白人和黑人的差别如此显著，不都一样跟所有人一样豁达开朗、堂堂正正地活着嘛。这个国家真了不起。我是多么渺小。

我想更多地了解这个国家。汽车开出机场，我第一次上了高速公路，两侧加起来可容8辆、10辆车并行，单侧可容4辆、5辆车并行，给人一种无边无垠的感觉……宽阔的道路，这是在日本未曾见过的风景。车也都是外国车（笑）。很大，没有日本那种小车，很多敞篷车、跑车。当时觉得太帅了。太棒了，我想更好地了解这个国家，想在这个国家学习，更多地接触这个国家的人，这些思绪纷纷涌上心头。

我非常心急，坐也不是站也不是。暑假结束后，我返回日本。在回日本的飞机里我就想，到了日本马上退学。下周就再来美国，上美国的高中、大学，越快越好。要更多地了解这个国家，这种愿望非常强烈。

当时孙正义是久留米大学附属高中一年级的学生，成绩名列前茅，考上东大毫无悬念。美国之行，遭到了家人和亲戚的强烈反对。然而他的决心非常坚定：“要去美国找到成为企业家的资本。”

或许是源于继承了曾在遥远大陆做武将的先祖的血统。在我看来，孙正义的思维方式跟农耕民族式的思维方式相差悬殊。

不，无论是农耕民族还是狩猎民族，只要有远大的志向，不管狩猎还是种地，都会有所成就，说到底还是人生。织田信长曾经三跳《敦盛》舞：“人生五十年，与天地长久相较，如梦又似幻。”《敦盛》这一节我非常喜欢，短短一句词中，包含了太多的内容。我很有同感。

不是吗？人类有20万年的历史，地球上的生命有40亿年的历史，想想那40亿年、20万年，就会觉得自己活着的百年真的是非常短暂的。所以在思考问题的时候必须倒过来算。这样一来，哪有时间再去犹豫呢。

从生于这个世界到生命尽头，自己该做什么？孙正义一直在思考，必须怀着远大的志向奋勇前进。

不能什么都想要。考虑到自己的目标、人生剧场有限的年月，倒过来算就会发现，如果想做大事，就容不得绕远，容不得犹豫。

织田信长打仗的方法和武田信玄截然不同。武田信玄在自己的领土四面树敌，跟东、西、南、北方所有的对手交战。而信长则是只跟在自己的尾张国到京都这条直线上的敌人打，除此之外则彻底地避免交战，而是缔结同盟。他可能是想夺取天下，天下布武，或者想在确保安全的基础上扩大自己的领土，这是他们根本的不同。要捍卫领土，战争不可避免。但跟东、西、南、北同时作战，与只跟一个方向作战，同一场战役哪怕打100次，这种根本性的差异也会体现出来。

所以，人生有限，我作为商人，作为经营者也就能做50年。那么既然只能做50年经营者，我就从50年开始倒着算，我能做什么，必须要完成什么，无关的东西全部舍弃，如果不这样，时间就不够用。

在历史上留下名字的人们都有明确的愿景。孙正义没有浪费一分一秒，向着自己的愿景迈进。

第二次专访："芯片贴"成为现实的一天

第二次采访是在2009年7月2日。

孙正义在前一个月（6月）的定期股东大会上公开表示："明年（2010年）的股东大会上，我将发表下一个30年的愿景。"采访就从孙正义打算如何准备这一新愿景开始。

未来信息技术的新发展

下一个30年的愿景，将在软银创立30年之际发表，会用接下来一年的时间专心准备，详细情况到时候就会知道了。

基本上要讲的就是计算机技术将会呈二次曲线进步。CPU的运算速度将会越来越快，存储器的存储能力也会以可怕的速度增长。用数字来说，大概30年后会是现在的100万倍。CPU的处理速度、存储器的容量，还有通信速度，当这些都达到现在的100万倍时，单个芯片的计算机、存储器的容量都是不可小觑的。

再加上，当通信速度跟现在不可同日而语之时，即使不把全部内容都存在一张芯片上，因为全世界几十亿的芯片可以瞬间连通，这样能够实时处理的信息量也将是非常庞大的！

本来，人能够做地球的主人，就是因为人的脑细胞的功能在迄今生活的地球上的生命体中是最出色的。也就是说，人具有智力生产能力。若只论肌肉力量，人远不如大象、狮子、河马这些动物。但在地球上，人类却比这些动物都要繁荣，这是因为人最突出的智力生产能力最为出色。

我认为，数字信息技术将成为人生来具有的DNA中的智力生产能力的延伸。所谓工业社会，是将人类的肌肉力量，以汽车、喷气式飞机、船等动力形式加以延伸。而信息革命，则可以把人类的智力生产能力大大延伸。

如果说人类的脑细胞中有300亿的神经突触，那么一张芯片里能放下的内容远超过这些，并由通信方式连在一起。单芯片的计算机通过微弱的电流进行计算、存储，人的脑细胞也是通过微弱的电流进行记忆、思考，所以二者的基本构造是相同的。微弱的电流是它们的共同点。芯片传递信息时，目前来说或用导线，或用光纤，或通过电波在空气中传播，最近也在开发研究如何以人体做传播的媒介。

比如说，跟人握手时，通过握手，自己的姓名、信息就能瞬间传给对方。这样的技术开发有几个研究所已经在搞。试想，如果更进一步，可以把自己芯片上的内容直接传到自己的脑细胞，会怎样？就是说，只要把芯片贴在额头上，就可以使芯片中的信息、计算能力、思考能力通过微弱的电流直接跟自己的脑细胞交流、传递。如果这点能实现，将很大程度地延伸自己脑细胞的记忆能力，或者使自己的心算、计算能力变得快速而准确。

把芯片像创可贴似的贴在脑细胞上，这就是“芯片贴”（笑）。我认真想过很久了。开发一种即使流汗也不会脱落的“芯片贴”……

这听起来像科幻电影中的未来世界，但正逐渐变为“现实”。

或者可以通过光纤迅速更新和传递信息，想象一下，非常小的芯片附在光纤的一端。把这种带芯片的光纤直接像植发一样（笑），代替头发植到头部皮肤中，说不定还能成为一种新的时尚。当然这都是玩笑，但是，说不定……我常这样异想天开。

而且，这些芯片还可以通过无线交换信息。也就是说，芯片贴不只跟自己的脑细胞交换信息，还可以通过无线跟远处的芯片交流，这不就是铁臂阿童木时代所说的“心灵感应”吗？这都是科幻，但说不定，可能30年不能实现，但若以100年、200年为单位来看，从原理上都是十分可能实现的技术。

如果这些能实现，我们可以想到很多很多的好处。就算发展不到那种程度，也可以通过键盘、手写板或触摸屏，甚至语音来输入智力生产的成果，这以现有的技术就完全可以实现。

古登堡的印刷机加速了过去人类创造的智慧的普及和传播；贝尔的电话彻底改变了人们的生活方式，让不在一个地方的人们可以即时地交换信息。但是运算处理能力、存储能力、通信能力今后将取得的进展，带来的将是一场规模空前的信息革命，它会让你感到相比之下，之前的几次在信息革命的历史中是多么不起眼的事件。

我感觉，在这个意义上，互联网和信息革命都远没有成熟，才刚刚开始，还在入口的入口。于是也就感到，我们所应该为之努力的事业的课题，是接近于无限大的。

信息革命改变生活方式

孙正义所说的“信息革命”进展到什么程度了呢？如果比作登山是第几段呢？

还不到第一段。不是吗？你想想，计算机的能力将会达到今天的100万倍。那么现在还处在入口的入口，如果30年后回过头来看，现在是百万分之一，当年的能力只有百万分之一。就会有多么像玩具、多么不方便的感慨。

举例来说，到那个时候我们平时说话都可以自动翻译。那样就可以跟全世界的人交谈，可以跟全世界的人通过视频聊天，可以检索全世界的信息、历史，任何你想到的想不到的都可以瞬间检索，而且还可以通过统计值对今后几年进行各种各样的预测。

就说天气预报吧，最近对一周之后的预测都比较准了，但我小时候，也就是距今30年前，天气预报说下雨，我们就会说那就别拿伞了，完全当笑话来听的（笑）。那个时候，想知道明天海上会不会有暴风雨，问天气预报还不如问老渔夫准。长年出海的那位老爷爷非常厉害。你问他：“那么，为什么明天会有暴风雨呢？”他就回答：“我的肩膀子告诉我的。”（笑）也就是说，仅仅在30年前，人的经验知识和直觉还远远胜过科学推论。但现在就非常精确了，成田的高尔夫球场下周日午后两点钟降水1毫米以上的概率是百分之多少。

像这样，未来变得可以通过计算值来进行有科学根据的推论。现在，我们不再问人天气，而是问电脑更准。而未来，各种各样的事物的推论都会是电脑更准确，不仅仅是天气预报，而是可以应用到选举等所有事物上。

如果通过这种推论预想，可以让我们预测各种各样的事物，那么对这样的推论结果，人们会花多少钱？有些题目会值得你去花大价钱。比如说，两个月后铁的价格，原油的价格，拥有可以精确到99%的预测能力的人，跟很多其他的人相比，在经济行为中的产出、赢利的方式将不可同日而语。

如果预测到两个月后铁价下跌5%的概率是99%，就可以在这两个月间只利用在库部分维持最低限度的生产，然后再最大限度采购。如果预测到四个月后将上涨8%，就可以尽可能囤积，从中获得巨大的利益。不管是小麦、大豆、糖、米，所有的商品都可以应用。这就是计算机的能力，简而言之，计算机的推理能力将超越人类。

有的事物变化缓慢，当你注意到的时候已经变了。也有的事物会急速变化。孙正义举出的例子是“4年以内营业额超10万亿日元”的淘宝网。但是，对这史无前例的高速发展的技术革新所带来的变化，我们必须有所准备。

信息革命急速发展，生活方式也发生了根本性的变化。社会上那些一直在努力工作的人，将会感到：“咦？我一直觉得自己做的是有价值的工作，但计算机却准确得多，而且不要工资，能够更快捷、更便宜地算出结果，比依靠人强多了。”

比如淘宝，去年（2008年）的交易金额约为15 000亿日元（999.6亿元人民币），今年已经是3万亿日元（2 000亿元人民币）左右。也就是说，淘宝网4年以内将会有一个超过10万亿日元的市场。那么，这个创出超过10万亿日元营业额的市场究竟有多少人在工作呢？核心的部分一个人也没有。全部都是PC的计算机服务器在做买方和卖方的中介。

10万亿日元，相当于伊藤洋华堂、大荣和7-11加起来还要乘2。实现这一业绩，要多少人工作，或者说有几个人提供劳动价值呢？没有一个人直接参与维持10万亿日元营业额的买卖市场。当然需要有人编程，因为需要版本升级，但如果现在的版本不用再升级了的话，只靠计算机就行了。

就是说，当信息革命拥有百万倍的能力时，人只需要做能提供附加价值的工作。所以工作和生活方式都将发生根本性的变化。

教育体制也会发生剧烈变化。世界标准，没有不可动摇的规范——如果没有这些制约，技术就可能失去控制。这时，“人”就变得重要起来。

迄今为止，从小学到大学，学生的学习时间九成以上都花在背书上。因为一味死记硬背，学习变得索然无味。完全没有创造性。死记硬背无聊的内容，像奴隶一样被动学习。但是，人与生俱来的好奇心得到满足是快乐的，为什么能这样，为什么会那样，当这些事物的奥秘揭开时，人就会感到快乐。

所以，比起无聊的死记硬背，如果有这样一种可以存储大量正确信息的工具作为人脑细胞的延伸，那么学生学习的教材会彻底改变。教材的工具会变，内容也会变。重心由记忆转到思考、想象力、解决问题的能力、提出方案的能力。

而且，记录信息的工具本身也会变化。发达国家最近正在达成一致，希望到2050年将CO_2（二氧化碳）排放量削减80%。那么怎么削减？砍倒树木，印在纸上大量发放，还要用卡车来运，这也会产生废弃，这种破坏地球生态系统的野蛮行为或许在不久的将来就会被法律禁止。因为树是地球上重要的氧气来源。

所以我认为，教科书应该百分之百换成电子教科书。

在这样的电子教科书上，只要一枚芯片，就能放下地球上过去所有的印刷物的信息，放下地球上过去所有的播放过的视频档案，并且能够实时读取正在发生的森罗万象的视频。那样的时代一旦来临，学生的学习、生活方式本身都会发生根本性的变化。学习将变成快乐的事，而且效率也会提高。这样一来，有电子教科书的学生和没有电子教科书的学生的学习能力将是天壤之别。

30年前，当我们还年轻，十多岁二十多岁的时候，几乎所有的办公室里都还在用算盘。算盘打得好的人可以做会计，做财务，被当成宝贝。但现在再也看不到有人夸口自己算盘打得好。算盘加法可能比较快，但你算除法试试（笑），算利息试试，30年复利，算去吧。谁还会用算盘来挑战这些，多傻呀。实际在公司做会计不能只会加减法，乘除法的地位要重要得多。

所以说，应该让人们从学生时代就使用实际社会上在用的工具学习，否则就没有意义。打仗都开始用铁炮了，武士学校还只教刀术的话，上了战场也用不上。就像武田胜赖的军队，遇上织田军用火枪分三队轮流射击，全军覆没。因此学生的生活方式也将彻底发生变化。

娱乐方式也将彻底改变。家中的墙壁都会变成巨大的显示器。通过家中的墙壁可以观看全世界的视频。而且有不用带特制的眼镜就能观看的三维图像从墙里飞出来。这样的时代可能到来。到那时，游戏、音乐、视频等所有的娱乐形式都会发生变化。届时虚拟现实世界的能力会是现在的100万倍，到那时再看现在的虚拟水平，只有百万分之一。所以说娱乐也会发生根本性的变化。

那么，要说什么东西不会变，那就是亲近自然时和悦的心，对家人的心，谈生意的人们彼此握手，一起把酒言欢，像这样的部分可能是不变的。在那样的时代，最重要的可能是创造新事物，思考新产品的企划或一些突发奇想的点子。

高科技与人的结合

人类的价值会越来越得到体现。孙正义称其为“高触感（high touch）”。给人以感动、惊喜以及幽默感的创造性在那个时代或许也会日益重要。

所以我想到高科技与高接触的结合。当技术发达程度达到今天的100万倍，信息革命也达到100万倍时，人类将会从体力劳动中解放出来。

我们知道，过去像奴隶一样从事的枯燥繁重的体力劳动，现代人已经不会再做了。过去蓝领做的工作的八成左右都被工业革命中产生的汽车、火车、轮船等取代了。而当数字信息革命发展到现在的100万倍时，现在白领在做的工作的八成左右也可能被取代。

但是，比如做菜的能力，我认为会越来越重要。名厨的价值会更高，做饭好吃的妈妈会得到更高的评价。主妇的工作中，像扫地、洗衣这些体力活动将会由具有智能的机器人保姆来代劳。但妈妈的工作中更重要的是烹饪出让人垂涎的美味佳肴，跟孩子一起画画，一起到公园散步，给孩子唱摇篮曲，用身体接触传达对孩子的爱意等，我认为这些会变得更加重要。

高科技和高触感会在更高层次融合。高度智能的机器人和具有高度的感知能力的传感器相结合，将会取代相当一部分体力劳动。这样的时代将会到来。

高科技与高触感、技术与人将会实现更高水平的融合。我们正在见证这一切，就像我们已经离不开的智能手机，对孩子来说，它已经是理所当然的存在。这考验的是领导者的视野。

所以，我认为学习应该更加注重锻炼大脑的思考能力，而不是小脑。因为在未来的时代，对于单纯记忆的部分，可以更高效地检索和重组。必须提高真正意义上的思考能力、提案能力以及对真爱、情趣的感受能力。

最近有人提议不让小学生带手机，从未来的时代来看，这大概更像是暂时的对大趋势的反叛。作为国家的领导人，竟说："我那个时代没有用过，所以不该让孩子带。"把这种陈旧的大人的意见强加在孩子身上，这种思维其实是非常危险的。而且，现在的手机，比如iPhone，跟之前的完全不同。iPhone现在拥有5万种应用程序，有的对学习英语发音非常有帮助，有的则可以一边展示浮世绘一边配以说明，让孩子了解这一日本文化。

也就是说，利用高科技，可以显著提高学习能力。有这样的学习利器，从幼儿园、小学一年级开始积极利用的国家的孩子，跟禁止使用的国家的孩子，哪个更能成为21世纪社会上活跃的人才？这样的行为，就等于不让孩子用电，不要让孩子碰任何电器，为了让孩子健康，不感冒，让他们光脚上学，远离一切文明的机器，那样的话孩子更能健康茁壮成长。我们小时候，冬天手脚裂着口子在走廊里擦地板，一样长得强健魁梧。如果说出这样的话，那就是逆时代潮流的。

所以，父母的想法也要变，违背时代潮流不能触及问题的实质。如果有一部分内容不适合孩子看，就应该通过技术手段加以过滤，这才是积极寻找解决方法的姿态，只是一味禁止，就是违背时代潮流，是卖国，如果真的实施了，将给国家的将来造成最严重的负面影响、最严重的损失。

没有影响力的人，不管他的思想多么不靠谱都无所谓，但如果身居各种要职、对国家前进方向具有重大影响的人一旦判断错误，就会导致社会乃至国家的崩溃，那真的是要经济溃败了。

在自由现金流方面成为中心的中心

30年后的中心产业是?

如果只议论新技术带来的问题，一味排斥，就会犯大错误。孙正义明确表示将发表“新30年愿景”也是基于这种考虑。这个他会在明年（2010年）6月份的股东大会上说。

我想在“新30年愿景”中列举几个具体的数字。这些数字，我不想只是一些虚张声势的数字。就是说，虽是愿景，但如果心里没有几分自信，没有根据，那就是虚的。30年前的软银，还在用千做单位。顾客人数只有几千，资产也只有几千万日元，而现在的规模已经开始以万亿日元作单位，顾客人数也以千万计算了。

距今30年前，我曾说过要以万亿为单位；距今30年后，我希望顾客人数能达到几十亿。如果目光只放在日本国内，要达到几十亿用户是不现实的。但数字信息革命，就像我刚才说的，通信速度、存储能力都将达到现在的100万倍，自动翻译也得到广泛应用，到那个时候，只在自己国内做生意的想法就太陈旧，太小里小气了。所以，30年后，我希望软银集团的规模可以做到以全球市场来思考，以几十亿顾客为单位思考，以几十万亿日元为单位思考。

孙正义的心中已经有了明确的愿景，语气中带着激情。

30年前我提出“数字信息革命”这一愿景时，正是“风险企业”开始出现之时。有人问我“风险企业”的定义是什么。有人说，风险企业就是在大企业没有在做的夹缝中创业，在夹缝中成功的企业，其他的主要产业都是大企业在掌握。我就说，你等一下（笑）。

风险企业的定义，译成日语时加括号说明是“夹缝产业”，但是有的行业虽然现在是夹缝，将来却会变成最大的产业，也有的到最后还是夹缝产业。我不想把自己的人生都投入到一个到最后还是夹缝的行业。我相信30年后信息产业将成为所有产业——包括汽车产业、食品产业、医疗产业等——中最大的产业。在这最大的产业当中，又有大型计算机和微型计算机，未来将是微型计算机的时代。同样是微型计算机，软件又要比硬件更重要。曾经，IBM被认为是信息产业的老大，而微型计算机则被当成玩具。那时候都觉得硬件制造商是老大，而软件公司不过是附属。现在形势完全逆转了。

但是我当初对软银进行现在这样的定位并非出于偶然，我从30年前就开始不断地收集各行各业的信息，比如通过政府出版物中心，或者什么白皮书之类，来调查各个产业的规模，记录在模造纸上，而后才意识到30年后微型计算机的软件、数据这部分会成为中心的中心，所以才集中做这一块。也就是说，我看准的不是夹缝产业，而是把焦点放在30年后将成为中心的中心这里。

所以我认为，软银未来30年会有更大的发展，会拥有最高的附加价值，会赢得更大的自由现金流——注意我说的不是营业额，比营业额更重要的是利润，比利润更重要的是自由现金流——我们要把焦点放在这一领域，用未来30年时间，完成布局工作。所以，30年后我们不会达到成熟进而枯萎，30

年后仍然可以说“现在我们的规模还在入口阶段”，在自由现金流方面成为中心的中心。我想把这作为我们集团前进的方向。

所以我们就不会搞无欠债经营，不会一味确保收支平衡，更不会过早清算。要在30年后成为中心的中心，即使不贷款，也要通过自己的自由现金流来完成布局。这是我所愿意看到的发展方向。

不谈愿景的领导不是好领导

除了睡着，只要醒着，孙正义都在思考。创业之时孙正义思考的是“应该攀登的山峰”。而现在，他绞尽脑汁在思考的是新的愿景。

恐怕我接下来12个月最重要的工作，就是做这个“新30年愿景”。30年一次，认真地思考下一个30年的计划。我会花一年时间，认真地做“新30年愿景”。

软银创业之初，我花了一年半的时间做这件事。花一年半的时间，决定自己应该前进的方向和事业领域，雇了两名兼职，决定应该把自己的生命投入哪里。大三、大四找工作的时候，我完全没有考虑哪里薪水高，哪里退休金多，什么工作体面。我考虑的是30年后、40年后的社会会变成什么样子，哪个产业发展到多大的规模，我花了一年半做了彻底的调查和思考。

我做了很多预期资金周转表、预期组织图，来测算10年时间里的盈亏情况。一年半时间里，我想到了40个新事业，我对这40个事业都进行过这样的计算。10年的预期盈亏计算表、预期现金流、预期人员计划、组织图，这些我都做了。我经常去政府的资料、出版物中心，在书店买了各种各样的书籍。去一次书店差不多要买10万日元的书，每次都这样。我做了彻底的调查和思考，而且我想，既然要做，就不能纯粹模仿别人。要有自己的特色，在日本至少能成为绝对的第一，然后向世界发展。我打算把这个过程用这一年时间重新做一遍，然后把精华的部分作为“新30年愿景”提出来。这是应该向我集团的员工，以及我们的支持者们说明的事。

当然，其中也有不能说出来的，有关系到企业机密的，但远大的志向和愿景，我认为有必要与我们的员工和顾客分享，这对我们长远的经营是有利的。

在日本，武士的美德中有一条是“不言实行”。这是因为武士基本上相当于军队。军队如果议论百出，就难以达成决议。武士的心看惯了死亡，默然投身不畏死。这是《叶隐》（一本论述武士道的书）的精神。

日本自古尊崇“不言实行”。但孙正义却说，要“有言实行”“说过的事情无论遇到什么困难也要做好”。

《叶隐》书中所体现的思想，从君王的角度来看，是非常实用的。但是我感觉现在日本整体上都有这种倾向。领导者不谈愿景，甚至发表一些错误的愿景，违背潮流，这将会导致国家走上错误的方向。

学生也都默默地拼命死记硬背发给他们的教材，对教材不加讨论，甚至觉得讨论应该教什么样的教材这样的问题太不自量力。不讨论教材，为了通过考试，一味灌输规定的教材，这是通过考试最便捷的学习方法，老师则担起军曹的角色，对学生进行彻底地灌输。但是，本来老师中应该有人来认真地讨论应该教什么，老师中处于领导地位的人应该对30年后、100年后人类会怎样，我们国家会怎样，人类的心理会怎样进行深入的思考，在此基础上思考应该教的教材。

公司的经营也一样。平均四五年要换一任总经理。这时几乎没有人去谈愿景，哪怕只是四五年的愿景。4年后、5年后我们公司会怎样，他们一概不谈，员工又怎么知道他们向哪个方向努力呢?

看看中国历史，我们就会发现，那些能够率领百万大军的历史英雄，都会谈论愿景。为什么必须发动革命，为什么必须奋起推翻清王朝，为什么要推翻明朝，开创新的时代。汉高祖刘邦并非出身名门，年轻时无异于酒鬼无赖，用现在的话说就是不良青年。他也没钱，什么也没有。但他有远大的志向，有愿景，所以百万大军会追随他。

所以，帝王学与以训练军队为目的的对武士的教育根本区别在于，一个不让说，一个必须说。

孙正义一直在思考，将来世界的领导者应该是怎样的。

真正的领袖，当高瞻远瞩，高举理念和愿景的旗帜，引领千百万人前行，我认为这才是真正的领导能力。他要让百万大军恍然大悟，感动到几乎流泪，让他们心灵震撼，甘心为其赴汤蹈火，甚至不惜生命。如果所有人都具有了这样的使命感和感动，那他们就不会再为这一年的奖金少了而沮丧，他们将达到一个新的境界。

我们为何而生，为何要忍受现在的辛劳，同心协力？如果不能让所有人都清楚，就会沦为单纯的经济层面的关系，单纯的金钱关系，就没有办法成为强有力的集体、团队。还是要志同道合，靠着共同的理想团结起来的集体才能战无不胜。靠金钱维系的关系，是不会长久的。

所以，为了达到这个目的，我要来吹吹这个牛，30年一次。或许有人以为我哗众取宠，或许也有人认为我散布流言，或许还会有人说我不过是个骗子，说我是堂吉诃德。没有关系。能够怀着远大的理想，高瞻远瞩，为之献出生命，献出热情，我认为这是件荣耀的事。

采访结束时，孙正义的决心给我留下了深刻的印象。

第三次专访：与两万员工分享愿景

我心情很好。

2010年7月14日，我对孙正义进行了第三次采访。

早在6月25日，定期股东大会之后，孙正义发表了“新30年愿景”。“愿景”追溯了生命进化的历程，对信息技术的可能性以及由此而发的300年后的世界进行了预言。

孙正义坦言："30年后的软银必须成为一个时价总额200万亿日元，拥有5 000家公司的集团。"

最后他说，人类的终极价值在于，"为了人的笑脸而奉献，哪怕微不足道"。

我强烈感觉到孙正义下定了决心。

他宣布培养"孙正义2.0"（接班人）的项目"软银学院"成立。

演讲非常感人。涵盖了很多迄今生活在这个世界上的人的反复思考，应该融于血肉的要素。最重要的是，它是两万多员工以及在Twitter上响应孙正义的很多一般人的思想、智慧、愿望和情感的集合，因而有着巨大的意义。

孙正义说："我没有忘记大家所说的。它们全部以各种各样的形式融入这个愿景之中。"

在按理念、愿景、战略的顺序展开提问之前，我首先正面问孙正义："公司是什么？"

公司就是大家齐心合力做大事

说到底，一个人是微不足道的，所谓公司就是大家齐心合力做大事。说起来就像是管弦乐队，她将持续300年，而我不过是偶然站在最初的舞台上，来指挥大家演奏，剩下的年月则长得多。所以，如果不跟大家分享我们想要建一个怎样的公司，想要做什么，就没有意义。大家一起认真思考，提出意见，这一过程就已经很重要了。如果不这样，而只是单方面地强迫大家接受，绝对达不到效果。

"新30年愿景"制订过程中举行的"员工提案大赛决赛"我也在场。发表愿景的人，倾听的人，每个人的热情都可以感受到。这样的公司过去有过吗？

大家一起讨论5年计划、3年计划的情形可能会有，但要全体员工思考长达30年的愿景，进而思考300年怎么发展，而且要发表，这迄今为止可能还是第一次。虽然欧美企业也倾向于上意下达，但也没有这样的情形，在日本，全体员工去思考30年、300年，然后分享思考的结果，我认为这样的尝试还是没有的。

在整个集团范围内举行的“员工提案大赛决赛”中胜出的是一位年轻的女员工。“30年后的软银将成为世界第一的机器人公司——”令全场赞叹。她的演讲很有说服力，充满感性，讲话的方式屡屡博得听众会心的笑容，让人看到光明的未来，很有感染力，是智慧与心灵的结合。

发布会结束后，大家都带着满面的笑容。能够分享自己公司的愿景、梦想，大家彼此抱着肩说，太好了，太好了。于是对自己的将来、自己的目标、自己想做什么有了更鲜明的认识，而且自己也参与其中，能够分享这种喜悦的公司，尤其是拥有几万人的大公司，能够如此团结一心的，恐怕再找不到第二家了吧。我感觉我们就是这样团结。从大家的目光中我能感受到。这是我最感自豪的。

这是一个团结如磐石的集体。她的力量将推动历史。现在，高度的IT技术也来助阵。孙正义在Twitter上一呼百应，瞬间收获了大量的意见。一个个认真地思考，真诚地提议。孙正义说，为我们贡献智慧的都是朋友，是“合脑”。

在Twitter上说希望有人提意见，一瞬间就能收集很多。这是传统做法望尘莫及的。我感觉这才真叫作集思广益。我们的有些支持者，甚至比我们的员工还热心。他们没拿一分钱工资，却那样认真地讨论软银应有的姿态，讨论软银应该改良的地方，非常认真地讨论、献计献策。我感觉，Twitter上的关注者，发表意见的人，都是公司的朋友。

让心连在一起，Twitter的威力

互联网正开始发挥它的力量——瞬间把人与人联系起来。孙正义笑着说：“厉害的人多着呢。”我也有同感。

互联网正开始让人们的心连起来。有人批评互联网，批评计算机，认为互联网上只能建立荒凉、机械的关系，这是大错特错，毋宁说心的交流不断扩大，甚至有与心相连的毛细血管越来越多的感觉。

孙正义开始用Twitter，是在2009年圣诞节的前一天。关注者不断增加，超过了50万人（2010年8月1日）。

孙正义说，Twitter给他的惊奇与感动，跟他十七八岁时看到电脑芯片的放大图像时完全一样，让他周身为之震颤。人类的DNA决定人具有追求美和幸福的本能。电脑芯片是美的一种形式，Twitter实现的心的交流则是幸福的一种形式。

我觉得不仅仅是Twitter。Twitter所代表的SNS世界，都可以让人们更广泛、更深入地进行心的交流。电影《阿凡达》的灵树，当被它透明的枝叶包围时，祖先以及过去各种各样的人的智慧都会输入到体内、脑内。Twitter给我的感受就是这样的形象。很多人的声音与自己的大脑的交流，正如一个“合脑”的过程。真的，在这个意义上，人与人的联系尤其重要，人活着不再是孤单的一个人，而是依靠着许许多多的人，当人真正心连心，人类将变得更丰富，不再孤独，我觉得这就等于是感到幸福的瞬间了。

一个人在Twitter上提了建议，孙正义当即回复“就这么干吧”，受到了媒体的关注。大企业的老板仿佛就在身边。这一瞬间让人们窥见了一个新的、更好的社会的一种形式，给人带来希望。信息技术将改变社会。

一般情况下，有些人我们可能一辈子都不可能跟他交谈，但现在瞬间就能实现。反倒是人和人直接对话时，途径有限，能够参与的人也有限。通过Twitter这样的形式，地域的差距越来越瓦解。在现实生活中如果不递上名片报上姓名表明来历的话，就没有办法交谈，而且彼此要抽出时间，要预约，这都增加了面对面交流的困难。而在这个140字的世界里，交流的圈子瞬间放大了。

孙正义说，软银常常面对各种各样的局面，直接、瞬时听取用户的声音，对一个经营者来说极其重要。

虽然也经常开董事会、经营会议，但总免不了会局限于自己一方的立场，会有一个过滤的过程。但是，我们的用户跟这种立场毫无关系，他们会说出内心所想，哪里不满意，有什么希望，他们会直言不讳，不会客气。所以，虽然有时也会发生误会，但是通过倾听用户的心声，也让我意识到自己必须谦虚，还有很多地方需要改善。你可以直接了解到一般的顾客以及无数人的愿望，这对一个经营管理者来说有着非常重大的意义。

所以，不让政治家在竞选时用Twitter，这本身就是完全错误的。本来，所有的议案都有国民直接投票决定是最好的，但因为手续、成本、时间等问题难以实现，才有了现在的由议员代表讨论并决定法律的代议员制度。本来的话，应该由全体国民直接发表意见，由全体国民投票，我认为这才是最终应有的形式，为了让政治家不脱离国民，更应该对Twitter之类的加以利用。

孙正义在Twitter展现了很多不同的侧面，都是货真价实的。他的“振幅”的广度吸引了很多人。对于消费者的不满、增设基地局等需要解决的问题，他甚至会当即对员工点名下达指示。

很多侧面都是我，并非只有处于工作模式的时候才是我。有工作模式，也有私下乱七八糟的时候，有时偶尔还会做哲学思考，这都是我。所以我展现的是一个活生生的自己，这样暴露自己，结果是可能有人会讨厌，这也纯属正常；也有人会觉得“没想到这人还挺有趣”“你说话他能听”“他也是跟别人一样啊”。归根结底，能够让人们感到我们是一样的人，我认为这是最好的结果。刻意粉饰自己，塑造一个不同的自己，这都无法长久，最终也不会让人们理解。

信息革命让人们幸福

信息公开也是敞开心胸。没诚意的人马上会被看穿。信息革命具有消灭掩盖真相的行为，净化社会的力量。30年、100年、300年后，技术会日新月异。而在这激变的时代之中，需要有经得住考验的坚定理念，这就是“新30年愿景”。

我也有把我们迄今的理念整理成文字（“通过数字信息革命，推进人们智慧与知识的分享，实现企业价值最大化，贡献社会”），但字太多了，不容易让人理解。归根结底想说的就是，通过信息革命想干什么，想让人们幸福。

要说，软银的主业是什么，就是信息革命。不是生产芯片，也不是软件批发，更不是卖手机线路，这不过是方法论。以300年的跨度来看，可能手机终端都没有了，或者，可能连线路的概念都消失了。这样一想，就不能对工具太过看重。未来300年，工具会发生很大的变化。所以我说，我最想搞的是信息革命。

这场革命，是必须由自己一家公司来搞吗？革命必须一个人搞吗？革命必须百分之百由自己培养的员工来搞吗？不是这样的，龙马说：“没有长州，没有萨摩，大家都是日本人。”我觉得我非常理解他这种心情，说到底，大家都是人。志同道合的人齐心协力，把信息革命进行下去。

信息革命是为了什么呢？为赚钱？为地位名誉？这些都不足道，我的希望是让人们变得幸福。这是我唯一的，也是最大的心愿，这个心愿，要通过我们的主业，通过信息革命来实现。这就是我们的理念。

记录孙正义的言行20年，此刻我终于恍然大悟。不同时代他曾说过的话语，终于变成了一个整体。

我们花了一年时间，制订了这样一个明确“新30年愿景”，在这个过程中，为了让我们的思想更鲜明，更能让人们理解，我们把所有修饰性的词语都剔除了。从前我向画家千住博请教过，他说，真正优秀的艺术，没有一根多余的线条。多余的线条统统去掉，每一根线条都有它的道理，最后到只剩精华，才成为名作。他说他年轻时，一不小心就会用上过多的色彩，过多的线条，渐渐地学会这样做减法。说到底，我们想告诉大家的内容，通过浓缩之后，反而能让更多人接受。

爱因斯坦仅仅通过$E=mc^2$这样一行公式表述了万物的真理。把我们想说的、想做的融进一行字，而简单的一行中又有无限的深意，需要具体解释，于是就有了这次发布会的内容。

理念之后是愿景，也就是未来的蓝图。要知道今后30年应该做什么，首先必须能预见到300年后的世界。愿景应该更加具体。我们的生活方式会怎样改变。等待我们的是惊奇和感动。

愿景，需要讲的就是我们将在一个怎样的世界里，做什么，为人们提供怎样的生活方式。理念是哲学性的。刚才也说了，理念可能只有短短一行，而把这一行阐述得再详细些，让它变得更容易理解，想做什么，想冲击哪座山峰，想看到什么样的景色。要对那景色进行鲜明的描述，就必须先弄清为什么做，如果理念是错的，所要做的事情、愿景就会变得截然不同。

心态不同，所看到的景色也会随之改变，如果我们有远大的志向和理念，真心想通过我们的信息革命给人们带来幸福，那么我们就能从好的一面来看待由此而生的景色。

也有人，为了达成目的不择手段，结果人与人相互残杀，掠夺他人，伤害他人，于是他们眼中的景色变得非常血腥，充满掠夺，荒凉。最后归结为人的贪婪，人的不足信。

人类史上，不管哪一种文明，都存在这种思想蔓延的时代。

所以必须要弄出硬性的东西，像一味搞权谋术数的马基雅维利主义一样的世界，绝不相信别人，自己必须活着，必须创造自己的世界，为此不惜去掠夺，为了掠夺需要造出这样那样的武器，必须舍弃一部分人。这样的情形会越来越多。

这样一来，想做的事就截然不同了。如果有优秀的理念、远大的志向，为了实现这些的世界观、愿景也会更加出色。

懂得爱的计算机时代

孙正义非常有爱心。少年时代的他就非常会照顾人。曾经在福冈城南中学跟孙正义一级的古贺一夫可以做证："当时班里有个不擅长运动的男生。正义就说：'那我们一起跑吧。'于是他每天陪那个男生练习，一直到运动会。他很会关心人，所以在班里很受欢迎。"

从这一点来说，我非常幸运。爷爷、奶奶、爸爸、妈妈、兄弟、学校的老师，都非常爱我。还有堂哥、邻居、公司的员工、顾客……被爱的感觉很好，很快乐。我想用自己获得的喜悦来报答更多的人。在这个意义上，真的是……我真的感觉，"托人的福，托人的福"这句口头禅就像回声一样，从两三岁的时候就跟着我。

无论是脏话还是好话，最先听到的总是说话人自己。重要的是说积极的话。

有了这样的理念，接下来就要想具体干什么，信息革命是什么，人最悲伤的事是什么，如何通过信息革命这个工具来减少人们的悲伤。人最快乐的事是什么，又如何使用信息革命这个工具来增加人们的快乐。归根结底，希望人们幸福，这是理念。幸福的因数分解，悲伤的因数分解，我们要做的就是尽量减少悲伤的因数，增加幸福的因数。

如果出现之前没有的，能够快速发展的工具，人们原来没有解决的烦恼就会减少，人们所得到的快乐就会增加。而且，这些工具会在不知不觉间从纯粹的工具，进化成与人共生的伙伴，变成拥有心灵的工具。

工具有可能进化到与人类共生的程度，这说的是300年后的世界。30年可能难以实现。说到工具，在产业革命时代，工具不过是肌肉的延长线，肌肉是没有心、没有意志的。然而，信息革命的优越之处在于，人类发明的计算工具、存储工具会不知不觉间更接近心灵，进化成Twitter一样的世界，工具与人类的界限逐渐消失、融合，最后可能工具本身也会拥有意志，拥有心灵。

所以，300年后，世界的发展程度，可能是一般的日常生活中现有的常识所无法想象的，这就是信息革命的优势。

“拥有心灵的工具”就是脑型计算机。曾受到提名诺贝尔奖的日本脑科学权威、在理化学研究所主持研究脑型计算机的松本元常说的一句话就是：“是爱激活了脑。”遗憾的是，松本博士已于2003年辞世，但他所提出的脑型计算机可能在不久的未来就会实现。松本博士在他的著作《爱激活脑》中说道：“正是在互相刺激的良好关系中，新世界才会诞生。”孙正义说，迄今的计算机是人类左脑的强化，再加上右脑，就能制造出脑型计算机。

我认为，人的优越性就在于拥有左脑和右脑。左脑是逻辑思维的世界，通过三段论的方法，积累理论知识。右脑则超越了理论知识的积累，是创造的世界、感情的世界。

诺伊曼型计算机的世界就是发展了人左脑的功能，而脑型计算机的世界观，则是追求右脑的世界。计算机最终会获得这两方面的能力。到那个时候，计算机才真正成为“电脑”，与人类共存。

人不也一样吗？一味追求智慧或者知识，可能会有很高的能力，却可能发生心理的歪曲。一味地追求效率，世界就可能变得冷漠，人会变得机械。

但是当这些人懂得了善良、理性，拥有了控制内心的平衡感，才能让他们的知识、智慧柔和地表现出来，让人们易于接受。

所以，如果脑型计算机只是会快速计算、大量存储、逻辑性强，可能就会失去控制。这样的人工智能如果用在机器人上，让只知道追求效率的人工智能长出了手脚，就可能很可怕。

人工智能是一个无法回避的世界。如果人工智能只一味追求效率，那么就会非常糟糕，甚至有产生希特勒那样的世界观的危险。希特勒的能力是毋庸置疑的。但他心的部分却不能控制。他缺乏人性的善良，缺乏爱，所以变成了恶魔。

犯罪者中也有智慧超群的人。比如说智能犯，有人是真坏，但归根结底，我认为还是因为善良、爱、正义这些东西的缺失。

所以有人说，不能让计算机拥有感情，不能让它有意志，但这还是原始阶段的事，我认为最终要超越这个阶段，更好的做法是让它拥有正确的爱、正义感，这样才能取得平衡感。

人工智能最终须保有一种平衡，以制约其能力，而最好的办法，就是让它的意志最终与爱联系起来，让它成为懂得善、懂得爱的人工智能。

2004年决定参与手机行业

宫内谦（软银董事）是孙正义最信任的人。如果比作棒球，那么宫内就是接手，能够接住孙正义的高速球的名捕手。宫内说：“孙正义志向远大，一定会对社会有用，有用便是商机，我们会进行彻底的讨论，从中得出结论，做出决定。这是软银的优势。”

孙正义说：“要做成一件事需要具备三点。才能、性格和人格，缺一不可。”

虽说我们是在追求信息革命的过程中考虑到今后会使用移动网络的世界，但互联网革命其实是处在信息革命的干流的中心轴上，而不是信息革命的枝叶。

随着互联网革命的发展，人们将告别PC，告别那种只能放在桌子上，或者放在包中重重的PC，而是用随时装在胸前口袋里或是夹在腋下的移动网络，世界一定会变成那样。

于是我就强烈感觉到必须拥有一家手机公司，因为这将是移动网络的基础。但当时我们没有钱（笑），也没有时间。说没有时间，是因为我预测到2008年到2010年就会开始出现能让人们体验移动网络的终端，并有能力提供相应的服务。

孙正义的先见之明是超出常人的。收购沃达丰日本公司的决定早在2004年就做好了。

也就是说，到这个时候作为移动网络的终端，手机CPU的处理能力、通信速度、存储容量都达到了传统PC的水平。这样原本依赖PC的网络世界就开始进入移动网络的时代。这样再往前推算，就会发现要是从零开始的话就来不及了。

必须参与到移动网络，这在2004年的时候就定下来了。当时有两个选项，要么自己来构筑网络，要么收购沃达丰日本公司。但从2004年、2005年的时候就开始感觉，收购会比较快。最终决定收购是在2006年的时候。

收购的话可能需要2万亿日元，但手头上只有2 000亿日元。用2 000亿日元的资金去收购2万亿日元的公司，这就需要沃达丰日本公司本身能够产生利润，而现在沃达丰日本公司确实在赢利，并且拥有自由现金流，只要保持赢利水平和自由现金流水平，即使只有2 000亿日元现金，收购也是有可能的。但如果客户一下减少三分之一，就行不通了。

所以最重要的是在收购后保住现在的客户。最好还能继续增加，至少要保持住。

从品牌来说，当时软银的状况可以说是遍体鳞伤。Yahoo! BB让顾客等得太久，负债累累，赤字，甚至有倒闭的可能，针对软银品牌的问卷调查结果也是非常糟糕。沃达丰就好多了。所以因为沃达丰的品牌才挽留住的客户，一旦软银收购了换成软银的牌子，客户可能就逃走了。

但是，即使保持沃达丰的品牌，换成号码便携服务又会怎样呢？电话接不上，终端土气，营业能力低下，客户满意度低，即使保持沃达丰的品牌，换成号码便携服务也会损失三分之一的用户。问卷调查的结果清清楚楚。我们觉得是不是搞错了，又重新调查，结果更糟（笑）。哎呀，这可麻烦了。

当时孙正义着实捏了一把汗，但他想自己一定可以做到。

没觉得不行，但确实不容易。这可不是小事情。怎么样做才能守住用户。要让他们留下，唯一的办法就是我们主动出击。进攻是最好的防守。那么往哪儿进攻，把资费降下来，把网点增加一倍。增加终端的种类，做出好的东西，让高品质的终端种类多起来。然后在内容方面，提供有趣的内容。从这四方面的承诺来进攻，我们开始了包括资费方案在内的全方位的品牌营销，也包括电视宣传。营业能力与网络、品牌战略和网络战略，这四方面的进攻，都必须彻底。这就是我最终想到的最好的防守。

沃达丰有输家思维。所以当我表示将从四个方面发起攻势时，当时的沃达丰日本公司的管理层人员都不放在眼里：他们做了20年，相当自负。

先要养成“赢家思维”

首先需要的是意识的改革，把“做不到”变成“能做到”。

我们的世界有种常识，这种常识经过积累，一旦从没有做过手机的人进来，就会觉得他是业余的，觉得不爽。这样的管理者半年减少了三分之一。用户还没减少三分之一，干部先减少了三分之一（笑）。

年轻的员工都留下了，干部、管理层的人则因为管理方式的分歧都离开了。我们从来没解雇过谁，他们都自动离开了。

我当时说，这是输家的思维。那些离开的人，在离开的时候给我的也都是这样的意见，都说为什么行不通。

既然这样，只有养成赢家思维。有什么策略？答案就是成为“第一名”。一旦尝过了赢的滋味，员工的士气就会高涨。

所以我说，一定会赢。必须养成赢家思维。赢过一次，就会懂得赢的滋味，懂得赢的方法。如果不赢，心里就不舒服。就这样，差不多半年时间净增手机用户我们是最多的。号码便携服务开始半年后，在最艰苦的时期，获得了最多的净增手机用户。那以后几乎每月都保持了最多。

很不可思议，赢了你才知道赢的滋味。所以最初收购沃达丰日本公司之后，精神状态真的很差。但赢了之后，状态一下子就好了。世界杯的日本队也是，一旦形成了输家思维，教练被批评，球迷也不留情面，球员也不听教练的。球队的士气一落千丈。然而一旦开始赢球，士气就会突然高涨。球迷开始褒奖，教练也开始露出笑脸，球员也乐意团结在教练周围。所以说，如何养成赢家思维是非常重要的。

所以作为指挥官，最重要的是要赢。

所以我几乎不搞什么宴会。常有人说多搞宴会增进相互理解，才能提高士气，但我没有那个时间。跟员工一个一个握手，隔三差五来次宴会，我跟两万人这么干的话，一个是身体吃不消，再一个是没有时间。

作为指挥官，更重要的是把精力放在如何取胜这一点上，这样组织就开始学会赢家的思维，从而很快地提高士气。

所以，指挥官最重要的是立于不败之地。一国的领袖也是如此。首相几乎每年一换。这10年来一直是这种状态。我觉得这就是一种举国的输家思维，国民士气低落，动辄对指挥官表示不信任。所以作为指挥官，作为领导者，就要打场胜仗让大家看看。为了取胜必须做什么。这就需要执着的信念，需要发现方法，这是领导能力的要求。

孙正义所举出的四项强化战略之一是品牌战略，CM广告奏效，品牌形象大为好转。在制作人提出的方案中，孙正义选中了狗成为一家之主的白户一家人的创意，孙正义当场赞叹道："天才！"白色的狗，白色套餐，崭新的形象，和睦的一家人，好奇心和期待感。全部都朝着一个方向，堪称品牌战略的范本。广告风靡一时，伴随软银的发展延续至今。

创意是制作人想出来的。但从几个方案中决定用哪一个，一定意义上决定着成败。如果一味求稳，力求不超出一般的常识，就很难有所突破。如果不能跳出常识，就很难发现突破口。不能给人们留下印象，太过保险的做法反而不能打动人们的心。

但不管怎样，还是要说我们有这样的信念，无论如何都想做成事情，所以有着同样心情的人们支持我们，而我们也因此获得了很多人的帮助。

与乔布斯的灵魂之交

不拘泥于眼前的利益，孙正义的这种人生态度，赢得了一个人的共鸣，他就是史蒂夫·乔布斯。早在iPhone面世之前，孙正义就与乔布斯交流过。两个人热烈讨论了些什么呢？

史蒂夫·乔布斯是真正的天才。他是实质上的个人电脑之父。他还改变了人们欣赏音乐的方式，这是他第二次改变人类的生活方式，然后iPhone是第三次，再就是iPad。

他四次改变了全世界人的生活方式，我决定要从事移动互联网，从事手机行业的时候，提出了四项承诺，但我去见他，还是在收购沃达丰日本公司之前。

当问到准确的时间是什么时候，孙正义笑道："不能说得太详细……"总之，乔布斯一直在做新的东西，麦金塔电脑（Macintosh）、iPod、 iPhone，现在又有了iPad。

网络、终端、内容、品牌、营业，所有这些人们每天直接接触的是终端。如果只有竞争对手已经有了的，普通一般的，跟传统手机一样的终端，就形不成攻势。如果只是颜色多一点儿，机身薄一点儿，重量轻一点儿，像素高一点儿，这种程度的差距不出三个月就会被模仿，被赶上。不过是五十步百步罢了。

所以，真正要在移动互联网世界搞创新，就得跟有所突破、能够彻底改变人们生活方式的人联手。我当时想到的就只有乔布斯。

于是在收购沃达丰日本公司之前我就去见他。跟他说移动互联网的时代一定会到来。无论如何也要收购手机公司，要么拿到许可证。他就说："我明白了，很好。但是，你还是拿到许可证再来吧。"我就说："早晚会拿到许可证的，或者也可能收购别的公司。当我拿到了，或者收购成功了，到时候你别忘了就行。"然后两个人笑着分手。

iPhone最终由软银经销。孙正义的谈判技术高超不足以解释这些。

在去美国之前，16岁的孙正义曾面见日本麦当劳的创始人藤田田，得其忠告，成为有名的逸事。在伯克利时有夏普的佐佐木正，创业之初有东京旭屋书店的田边聪、上新电机的藤原睦朗等人相助，后来孙正义把他们称作"恩人"。

孙正义曾经说自己是"无限接近模拟的数字人"。

而乔布斯则在学生时代由铃木大拙的著作接触到禅，也曾耽于断食和冥想。与孙正义保持较深关系的人之间，在"灵魂"上有着相似之处。孙正义并非只是看中了iPhone这一产品的外形美。他尊敬乔布斯，能够遇到乔布斯，他感到非常高兴。

当时，关于iPhone他还谁都没有说过，我也不知道，但他已经开始开发了。这他不会跟我说的，因为他是绝对保密主义。应该是开始了的。但不管他有没有开始iPhone，对我们来说，重要的不是能不能成为iPhone或者iPad的经销伙伴，也不管会不会畅销，跟这些都没有关系。重要的是，他是信息革命的超级巨星。我非常尊敬他，给他以高度评价。

有着同样志向的人以某种形式结为伙伴，这本身就很好了。当然，他把iPhone卖到全世界，而我们只不过是他在日本的一个合作对象。

但是从300年的跨度来看，iPhone的成功，iPad的成功可能都是一时的，只不过是一种工具。在300年中，Android的产品也在不断出来，微软可能也会在某个时代复归。

产品、工具，这些都会随着时代的发展不断变换主角。舞台也会变化。重要的是，有多少同样以信息革命为目标的同志则可以团结起来，相互帮助。就看他们是否能拥有同样的嗅觉，是否愿意为了让人们获得幸福而付出。

他2004年患胰腺癌，去年做了肝移植手术。每天要跟病魔搏斗，还要呕心沥血研发iPhone、iPad。

真的，我从心底感觉到，他现在想做的，不为地位、金钱、名誉，而是以生命为代价，为人们提供好的东西，希望让人们高兴，他一定是怀着这样的心情。看他的眼神就能明白。

艺术改变生活方式

同样的眼神。同样的志向。“看眼睛就明白。”无论是iPhone 4发布会上与乔布斯并肩的时候，还是淘宝联合发布会的时候，孙正义都笑得非常开心。乔布斯和马云也是满脸笑容。他们的灵魂彼此相连，远远超越商业。

所以我这回跟他合作时，一次也没有谈过金钱方面的条件。卖多少台，多少钱卖，这些事项的谈判都……软银何以能够经营iPhone和iPad？很多人一定以为我们付出了不小的代价，但这也是乔布斯让人吃惊之处，金钱条件方面的谈判一次也没有。这之前都没怎么提过。他就不是那种人，说真的。不是吗，论条件，我们的两个竞争对手比我们用户多，又有钱。如果谈条件的话，他们远远占优势。

我想最为关键的，还是志同道合这一点。还有就是，不提钱反而比提钱更沉重。从某种意义上，钱的事情要好办。比如可以说，当初的条件不都兑现了吗，可以找这样那样的借口，所以还是轻松的。然而不是那么回事，我觉得这点很重要，而且对方能理解这点，这是非常难得的。

笔者也在用iPad，切身感受到了生活方式的变化。这改变不仅仅体现在功能方面。iPhone或iPad拿在手上，你不会觉得它是大量生产的商品，而是能感觉到创造它的人的心，感觉到里面是有灵魂的。所以才愿意当“自己孩子”一样拥着入眠。

经常会有那种比较表，像素多少万，CPU速度多少，屏幕大小如何，重量如何，把这些数字汇成简单的一页说明，全部用○ × △标记出来。乔布斯不这么做。他真是进到用户心里去，设计的细微之处都用上心思，把它当作一件艺术品。任何一个细节，人们想要的是什么，用心去体会，用心去实现。这是他厉害的地方。

比如说，一幅画，一座雕塑，是什么东西把它从纯粹的装饰品变为艺术？是什么把制造升华为创造？那就是创造者所倾注的爱。1996年，史蒂夫·乔布斯重返苹果，1998年发布的iMac令我非常吃惊。之前的PC都是灰色的，跟箱子一样棱角分明，从iMac开始有了彩色的弧形设计。从中能感受到乔布斯倾注的如同父母对孩子一样的爱，同时，我也亲眼看到了旧金山所有的办公室焕然一新的景象。这一创新，挽救了当时开始走下坡路的苹果。现在，从iPhone、iPad中，我仍能体会到乔布斯对计算机的不变的爱，体会到他的创新精神。

我非常欣赏莫奈的画。莫奈笔下的深紫色、淡紫色、紫色充满他的画。

紫和蓝，还有绿，这三种颜色，或深或淡，温柔的笔触，用艺术表现内心的风景，通过一池睡莲表现出来。或者河流的风景，教堂、城市的风景，或者在原野撑着阳伞伫立的女人，甚至能感觉到风的味道。

有画家模仿莫奈，钻研他究竟用了多少克的颜料，用的是多大尺寸的画布，用什么颜色，以什么价格出售，然后如法炮制。根本不是那么回事。在那个时代，用一种完全不同的手法作画，表面相似，实则不同。

还有波提切利（Sandro Botticelli），在宗教画的世界里发起了反对封建的文艺复兴。解放人性，解放人们的心灵，这在当时的意义是多么地大啊。

那种时代背景、心情、思想，由此而生的事物是截然不同的。达·芬奇的时代，达·芬奇所做的就是这样的事。

改变人们的世界观，改变人们的生活方式，改变人们的表达方式，价值就在于这改变，因此我给他很高评价。

与志同道合者共事

英雄是时代必然的产物。与志同道合、精神相通的人共事，不存在你争我夺的竞争和忌妒。

未来300年，在新时代的变革中，在技术的变革中，会诞生许许多多的超级巨星，许许多多的英雄。谷歌是好样的，雅虎当初也找到了非常好的切入角度。Twitter也好，Facebook也好，阿里巴巴、亚马逊都是。在新的时代，新的英雄会以各种形式出现。在这个舞台，这个信息革命的大舞台上，将会迎来英雄辈出的300年。能够和他们一起推动革命，这就足够让人兴奋的了。

我们的力量是有限的。几乎还没做出什么成果。但我们希望能够与这些巨星、这些英雄，以及未来的英雄同心协力，共成大事。

“成大事”是什么意思。我们想做的就是进行信息革命，让人们幸福。通过信息革命让人们幸福，不一定要自己一个人做，大家一起不也很好吗？只要结果是人们幸福了，不就很好吗？

所以，对于那些愿意跟我们一起搞信息革命的人，我不会忌妒。我会认为他是难得的战友。我会由衷地赞赏他：是你的功劳，你厉害，太棒了。我不会想去跟他们竞争。不会觉得非我不可，不会去想这是我的发明，我要抢过来。所以，比尔·盖茨对我来说也是超级英雄，是杰出的男人，有真才实干。

我希望那些真正有好想法、有能力、有才华的人，都能够齐心合力。

明治维新时就是这样，幕府末期，诞生了许许多多的英雄，久坂玄瑞、高杉晋作、西乡（隆盛）、大久保（利通），还有福泽谕吉、胜海舟，真是多如星辰。但坂本龙马没有忌妒这些人。萨摩也好，长州也好，他不会觉得非土佐不可。

所以我也不会去强调软银怎样，不会去强调是软银的发明、软银的产品，我完全没有这种非软银不可的想法。更重要的是，大家共同创造，共同繁荣，共同实现，最终人们幸福了，这不就行了吗?

没有私利私欲。而且孙正义说“大家一起”的时候，连Twitter上众多的一般用户也早已包含在内了。

孙正义说：“发表了‘愿景’，通往目标的道路看得更清楚了。我高兴得都想要雀跃奔跑了。”

我认为，就像刚才说的，没有必要一家公司去单打独斗，可以由很多志同道合的人团结起来。为了实现这种基于同一目标的联合，包括其组织形式，就需要共有目标。组织的形式，管理和带领组织的领导者的结果，这都要做好。

从这个意义上，或许可以称为领导者教育。一般在日本提到领导者教育，马上就会有人说部长和董事都是领导，但归根结底，成为一个组织的首领的，苹果就是乔布斯，微软就是比尔·盖茨。简言之，我虽然没什么了不起的本事，我离开之后，至少应该有一个志向和热情跟我差不多，或者超过我的人来继承，不然就会走向衰败。这种向心力和领导力如何才能继承都值得考虑。而且，必须让组织构造能够不依赖某一个人。

所以必须有一个网状的结构，各个节点都拥有自己的领导，形成一个自律、分散、协调的局面。培养接班人就是为了这个目的。至少，如果大家都以成为我的直接继承者为目标，剩下的人也都会在自律、分散、协调的一环中成为领导。我会口头传授。另外，大家团结一致去完成很重要。

人是最根本的，想让企业存续300年，要从培养人才开始。

首先要有强烈的愿望，为我们的理念，由衷地甚至甘愿以生命做代价，当然还要有才华，性格也要有能吸引人的东西，在人格上要受大家尊敬，要有向心力。也就是说，必须成为性格、才华、人格俱佳的领导者。当然这很难，可能是永恒的话题，但我想找出这些，加以培养。

比我优秀的人很多。发现人才，培养人才，必须双管齐下。

孙正义把培养接班人看作“最大也是最后的难关”。

CHAPTER 12

第12章 孙正义内部培训教材《孙氏双乘兵法》

“软银学院”计划

2010年7月28日，东京汐留的软银总部25层。从员工食堂所在的这一层，可以一览滨离宫恩赐庭园。

这天，是以发掘和培养接班人为目的的“软银学院”开学的日子。孙正义的“软银集团DNA设计”启动了。会场座无虚席，希望听讲的人掌声欢迎孙正义，孙正义则报以满面微笑。

第一期听讲的学生共计300人，其中270人是集团内员工，其余30人是对外征募的。孙正义首先介绍了接班人培养计划：“集团内报名人数1 000人以上，外部报名不到24小时就达到3 700人。”

内部、外部的比例会根据情况慢慢调整。

“每半年会换掉300人中的百分之十，也就是30人。”

学生的选拔，presentation的评价，换人时的判定都会本着“透明、公平”的原则来进行。

然后孙正义开始他的特别讲义——《孙氏双乘兵法》。

启动仪式通过USTREAM在网上直播。孙正义公开了把自己带向现在成功的、并经实绩证明了的经营理念。

把“信息革命让人们幸福”作为理念的大企业老板亲自带头，利用最新的IT工具，向我们展示了“未来世界”的样子。这是孙正义所说的“全世界人共享信息的时代”的到来。

原本没有交点的人连在了一起，“一般市民全体实时参与”，人类史上前所未有的过程、系统，正逐渐成为现实。今后想必也将发生在行政、教育等各领域。

孙正义在这次特别讲义中用的是《孙氏双乘兵法》。

中国春秋时期（公元前770年—公元前403年）的武将孙武所著的《孙子兵法》，和孙正义自己的话组合在一起，便是《孙氏双乘兵法》。

孙正义很早就说过要“70岁前后退休”。

“现在52岁，20年内会把接力棒交出去。我想传授的东西，总结下来就是《孙氏双乘兵法》。”

画面上的文字矩阵——横竖各5字共25个汉字似曾相识。那是1990年采访孙正义时，在日本软银的经理室里挂的。

道	天	地	将	法	理念
顶	情	略	七	斗	愿景
一	流	攻	守	群	战略
智	信	仁	勇	严	将德
风	林	火	山	海	战术

这是孙正义二十几岁患慢性肝炎，徘徊在生死线上时，在病床上把《孙子兵法》与自己的想法结合起来，经过深思熟虑的结果。

“在致力于新事业时，在遇到试炼时，在考虑中长期的愿景时，我总是一边自问是否符合这25字，一边经受试炼，挑战新事物。我也没能把它发挥到极致。从某种意义上来说，这是永恒的主题。”

不过，画面上的文字，跟20年前孙正义向我解释的顺序有所不同。果然，孙正义首先从这点开始说起：“昨晚版本升级了。”

1990年时的版本如下，“一流攻守群”在最上面：

一 流 攻 守 群
道 天 地 将 法
智 信 仁 勇 严
顶 道 略 七 斗
风 林 火 山 海

孙正义说明了其中的原因：“（过去）我争第一的心很强，但是现在，最重要的事物的顺序变了。”

1990年的版本里有两个“道”字，孙正义当时解释说：“第二行的‘道’是理念、志向，第四行的‘道’是道路的意思。”这回，第四行的“道”换成了“情”。

孙正义对学生们说：“升级后的版本按照重要程度重新排序。我希望所有的意思都能深入你们的骨髓。在做决定的时候，按重要顺序，短时间确认。我希望这成为你们的习惯。”

【孙氏双乘兵法】

孙子×孙正义

孙子的话结合自己的独创，用25个字的文字矩阵表示的经营方针。

1990年旧版本

一 流 攻 守 群
道 天 地 将 法

智 信 仁 勇 严
顶 道 略 七 斗
风 林 火 山 海

2010年新版本

道 天 地 将 法	理念
顶 情 略 七 斗	愿景
一 流 攻 守 群	战略
智 信 仁 勇 严	将德
风 林 火 山 海	战术

自上而下，“理念”“愿景”“战略”“将之心得”。“顶情略七斗”和“一流攻守群”以及最后一个“海”字不是《孙子兵法》里的，而是孙正义原创的。

“按照重要程度排序。事物不可以单从一个平面去思考。要把重要的东西一直装在脑袋里。在做决定的时候很重要，按照这些项目可以迅速地确认。”

这些字分别都是什么意思呢？孙正义开始向会场发问。

《孙氏双乘兵法》：修炼领袖的25个字

“道天地将法”〈理念〉

这是《孙子兵法》始计篇里的话。讲的是获胜的条件。

【道】

“你们认为是什么意思？”

一个人举手回答了孙正义的提问。

“我认为是通过信息革命让人们幸福。”

“非常好。完全正确。着眼点不错！”孙正义说道。

掌声响起。

“接下来还会提问，在回答之前请先说一下自己的名字。”

孙正义高兴的样子，让人想起他说过的话：“做教师曾经是我的梦想。”

【天】

在此，孙正义重复了好几遍“还有别的吗”，学员的回答一个跟着一个。

“顾客”“世界第一的集团公司”“延续300年的DNA”“目标永远在顶峰”“成为被需要的企业”“志向远大”“站在天上看一切”“没有人孤独的世界”。

“大家都答得很好。”孙正义说，“大家各有各的解释，说明已经开始动脑子了。”

正确答案是“天时”，也即“时机”。

“松下幸之助运气不佳。因为他生得太早，远在信息大爆炸之前。我们出生在农业革命、工业革命、信息革命这三大革命的绝好时机。”

孙正义说：“我们出生在这个时代，仅此一点就已经是幸运的了。”

“生在一个伟大的时代，我们必须利用这一天时，振翅高飞！”

【地】

地是“地利”。

“这之前美国是互联网的中心。5年后，亚洲网民将占到百分之五十。”

中国网民人数超过了美国。孙正义用右手指了指天，又指了指地。从十多年前起，就在阿里巴巴集团等很多公司播下了种子。

“既得天时又得地利，这就必须要干了。”

然后孙正义用力说道：“如果这种情况下不挑战，就没有做领袖的资格。”

【将】

成为优秀的将领，还要得到优秀的将领。“自己一个人什么也做不了。”孙正义说道。

“自己必须有大将之才具。在此基础上，至少要有10个支持自己的良将。没有志同道合的良将是不行的。”

【法】

孙正义责备了一名学员。

“大声说，听不见！”

所谓法，即建立方法论、体系、规则。

“建立体系、制定规则——如果不以这样的形式，就建不成大的组织。靠歪打正着来收获果实不是长久之计。”

孙正义说，要维持胜利，就必须有独自的结构，并营造不断革新、改善的风气。

为了实践以上“理念”，孙正义接着提出了五字愿景，这就是孙正义独创的“顶情略七斗”。

“顶情略七斗”〈愿景〉

领袖应有的智慧。

【顶】

目标之地。孙正义说，就如登上山顶俯视下界一般，站在未来的高度来进行俯视是很重要的。

“该往哪里去，要让愿景更鲜明。要有一个明确的期限，10年后会怎么样，20年后会怎么样，这些都要彻底想清楚。”

这不是两三天就能做好的。而是平日里不断思考，在登山之前，就要把山顶的情形了然于胸。

“决定了自己想要攀登的山峰，自己的人生也就决定了一半，胜负也决定了一半。愿景真的非常重要。”

【情】

情即情报。信息的收集与分析。

从美国的大学毕业回来，孙正义决心成为企业家。在创立软银之际，他花了一年半的时间构思了40种“从来没有人做过的全新的商业模式”。

收集的一捆捆资料，每捆都有1米多高。

“要非常积极，主动出击，对选项进行透彻地思考。”

“不能有撞大运的心态。必须是切实可行的。蓝图绘好了，就要通过收集充分的信息，来论证其正确性。”

这也是开创新事业时应有的姿态。这样“筛选出来的结果，就是软银这一信息革命的事业”。

“一定要有自主提案的能力。歪打正着绝对不能长久。”

【略】

把理念付诸实行的战略。

“收集信息要彻底，要囊括所有观点，剥落枝叶，就会发现最粗的主干——关键所在。”

必须在把所有选项一个不漏地都考虑过的基础上得出结论。

“如果不是拼命思考、绞尽脑汁的结果，就不能称为战略！”

【七】

七是七成。孙正义说：“这是我自创的，非常独特。”将战略付诸实行的时机，就是当有“七成胜算”的时候。

“在胜算只有一半的时候去拼，是傻瓜才做的事，而要等有九成胜算就太晚了。”

这个七还包含了“三”的意思，也指退却的勇气。“七成需要执着。”孙正义说，“如果风险超过三成，就不可以冒险。即使失败了，只要逃得快，就不至于全军覆没。蜥蜴的尾巴割去三成左右还能再长出来。但如果割一半就会割到肠子死去。退却需要的勇气是战斗时的10倍。没有装刹车或者不能倒行的汽车多么危险。意气用事不肯退却的人不能当领导。”

孙正义还说：“见势不妙撒腿就跑，别顾什么体面不体面。撤退！绝不可以意气用事。”

孙正义所做的挑战虽然看似毫无章法，爱冒险，好赌博，但他却说自己“其实是很小心的”。孙正义的话越来越带激情。

“意气用事的人是傻瓜。”

“不会退却的人是傻瓜。”

“不会退却的人是小气鬼。”

【斗】

“不管理论多么高深，不管战略多么出色，不去战斗都没有意义。”

这就需要实行能力和觉悟。

“典型的例子是那些评论家。”

“只是说说的话很简单。只要在Twitter上写两行就行。”

“推翻幕府的高杉（晋作）也好，西乡（隆盛）也好，都是在斗争中成功的。他们可曾故意把自己的武器给敌人？”

孙正义以自己的理念为例，他说战斗就等于愿景。

“靠信息革命让人们幸福。谁都会说。松下幸之助、本田宗一郎、亨利·福特、洛克菲勒、比尔·盖茨、史蒂夫·乔布斯——所有人都是通过斗争，抢占先机，通过斗争，最终实现自己的理念。也就是说，战斗等于愿景。”

“不管是总务省、首相，还是总统，都有必须战斗的时候。”

“要说为什么而战，那就是为50年后、100年后、300年后世界人民的幸福而战。”

“只有拼上性命去战斗，才能成功。”

“一流攻守群”〈战略〉

为了实现愿景，为了赢得以流血牺牲为代价的战役，就要有“战略”。这五个字也是孙正义的独创。

【一】

绝对的第一。

“只有成为第一，才能长期享有真正的存在理由。”为此，获胜是唯一的出路，一定要战无不胜。

“对没有自信的领域，压根儿就不去碰它。在看清成为第一的战略、道路时，才可以着手去做。”

孙正义说，特别是信息产业，如果不是第一，那么它的地位会非常危险。

最重要的是有强烈的愿望争第一。

“收购沃达丰日本公司时，那些干部的眼里都没有生气，没有自信，他们已经习惯了输家思维。”孙正义说，“看着吧，一定会当次第一。哪怕只有一个月，只要体验一次当第一的滋味，一切都会改变！”

要做成任何事，气概都是不可或缺的。

“小学的时候几乎都是第一。不是第一心里就不好受。（话虽如此）倒是从来没想过要在音乐上当第一。因为我有点五音不全（笑）。但是，如果我觉得能做，就一定要做最好的。”

“第二就是失败，还在半途。”

然而，成为第一本身不是目的。

“成为第一才有富余的时间和精力去开发新技术，才会更好地为顾客服务，才能真正担负起应负的责任。”

【流】

“不可以参与行将消失的产业。要第一个察觉发展趋势，及时调整营业情况。必须选择将来会成为主流的行业。意气用事地想守住老祖宗基业的人是没有资格的。至少没有资格做我的接班人。”

不违背时代的潮流。要能预见到将来的主流。

“富士通选择CPM时，我就跟富士通电脑的负责董事说得很明白，‘为什么不选择MS-DOS呢？’就算这部分能领先半年，但终归是一时的，完全没有意义。”

要看清半步之后、一步之后、三步之后，看清了发展的趋势，剩下的只是做好准备，等待时机。

“不用想得太难。故意要逆流而上的人，没有做企业家的资格——就是这么回事。性情执拗的人不适合做企业家！”

从一开始就应该把巨大的成功作为目标。

“选择枝叶或者夹缝可能获得一时的成功，但终归成不了大气候。不能指望获得巨大的将来的成功！”

“一时快速地打开市场，一时变得有利，一时取得了市场份额，一时提升了品牌形象。不可以有这种选择上的失败。哎呀，直播？都说出去了。”

会场哄笑。这种诙谐的说话方式也是孙正义的魅力所在。

“没办法，实话实说嘛。他们也不好对付，可能会在别的方面东山再起。这么说总行了吧？还不行？”

【攻】

攻击力。领导者自己一定要有不输于任何人的攻击力，否则就不能领导别人。

“营业、开发技术、M&A（收购）、新事业——全部都要攻。还有很多。进攻是最好的防守。攻击力必须要过硬。软银集团始终是要抢在别人前面，先发制人。马不停蹄。”

“熟悉技术、营业是最棒的、谈判能力也很出色，这是领导者所必需的。”

“软银集团再过4年就会实现无贷款、纯有息负债为零。我当社长期间就要实现零贷款。但是，还必须进攻。如何在不贷款的前提下保持攻势，这是必须动脑思考的。”

【守】

经济基础。风险企业垮掉几乎都是吃亏在资金周转上。要攻，就必须保证必要的资金。

“既要保证不因资金周转发生问题而倒下，还要能攻。如果不攻，则不必担心资金周转的问题。攻，攻，一个劲儿地攻就需要钱。”

法令一定要遵守。孙正义加重语气说，违法的事绝对不能做。

“随着时代的发展，法律也会变。国家不同法律也会不同。只做对的，除此之外都不可为。只要坚持只做符合正义的事，即使将来法律改了，国家变了，防守依然巩固。不可以像田沼意次一样，因为贿赂政治，被写进历史教科书几百年。

孙正义的名字是正义，他不允许违反正义的事发生。

“别的公司，左一个右一个接受自己监管部门的退休人员。那种做法是纯粹的贿赂。虽然不违反现行法律，但在一般民众眼里，他们的所作所为是不对的。”

【群】

软银要建成拥有5 000家公司的联合军团，自律、分散、协调的企业集团。

“单一品牌，单一商业模式虽然效率高，但无法延续300年。连微软的发展速度都慢下来了。这就需要战略性的联合和多品牌战略。

“智信仁勇严”〈将德〉

接下来这5个字，终于开始讲到作为领导者该具备的具体的知识。不是普通的领导者，而是成为“继承孙正义事业的人”，这个门槛是很高的。

这5个字也是来自《孙子兵法》的始计篇。

【智】

思考能力，国际谈判能力，演讲能力，技术、融资、分析能力。

“这是永恒的主题。很难有做到足够的时候。”

孙正义要求的是广泛、均衡、深入的知识。

“思考能力、国际化的演讲能力、谈判能力，还有对本行业IT技术的深入理解。”

“融资也好，技术也好，都需要智力。不能单靠营业，也不能单靠技术。用日本象棋来打比方的话，这样的人可以做飞车，可以做角，但做不了王将。必须具备均衡的知识。光是均衡还不行，样样都会，但样样都做不大，这是不行的。”

这么说着，孙正义笑了。

SVJEN（Silicon Valley Japanese Entrepreneur Network，硅谷日本人创业网）第一任理事长外村仁（现First Compass Group共同代表）说他为孙正义对技术的理解力所感动。“本来约好是5分钟，我做系统的演示说明，他比任何一个专家理解得都快且准确。谈得投机，不知不觉一个半小时就过去了。（笑）”

必须具备足够同各领域的专家讨论高深问题的知识。

“‘这事问负责人吧’——这种姿态可不行。用好专业人士和依赖专业人士是全然不同的。不管什么事，让你做你就得会做。一定要具备足够的素养，才能用好最高水平的专家。所以必须拼命地学习。”

【信】

信义、信念、信用。如果没有这些做基础，就没有办法团结志同道合之士。

“有能力，有钱，但总给人上当受骗的感觉。你可能骗得过两家三家，让他们跟着你，却难以团结5 000家公司。”

自己首先要做一个真诚的、值得信赖的人。孙正义强调，笃于信义就是既相信自己，又相信伙伴。

【仁】

“这可不是仁义的仁。”

仁是仁爱的仁。

我们搞信息革命为的是什么？

“为人们的幸福。”

“为人们的仁爱。”

孙正义说，这一点是本质。

【勇】

退却需要10倍的勇气。这里重申一遍。没有退却勇气的领导者会葬送公司，葬送国家。

孙正义由自己的经历，了解了这一点的痛苦和重要性。

“退却的时候会被打得很惨。只有具备能够承受这些的信念和勇气，才能进攻。”

“别嫌我啰唆。这点一定要学会。撤退的时候能做决定的，只有高层。”

“撤退的时候，特别是处在高层的人，要做好一个人担起一切的思想准备。”

【严】

为了组织，有时候要扮黑脸。这只有在真正有仁爱、有深深的感情时才做得到。

“即使最信任的部下，也不能留情！扮不好黑脸就当不了领导者。”

“即使被说得一文不值，那也是爱的鞭笞，可以锻炼部下，砥砺组织。”

“老好人”管不好组织。不过，扮黑脸的前提是“真正爱之深”。如果感受不到仁爱，一味严厉冷彻，没有人会跟着你。

“风林火山海”〈战术〉

“今天差不多就讲到这里……”孙正义对剩下的内容做了简短的说明。

“战术”的前四个字是战国武将武田信玄的旗印，很有名。

“不知道的人，下次就不用来了！”

一句话引得会场沸腾起来。回过神来已是晚上8点——从开始已经过去两个多小时。

【风】

迅速行动。见机则敏。

【林】

实行时深藏不露，不声不响。即在水面以下行动——谈判高度保密的意思。

“昨天（7月27日）公布的雅虎日本同谷歌的合作，从半年多以前就开始谈判了，这你不知道吧？几乎每周都在谈判。当然都是高度保密的。做的时候深藏不露，不声不响，高度保密。在水面以下的谈判、信息控制要像森林一般不声不响。”

收购福冈软件银行鹰队（一支棒球队——译者注）时采取的是突然袭击，但那之前都没有任何动作，就如“林”一样。

【火】

激烈、彻底。

“有的时候，必须采取革命性的举措。”

【山】

软银的业务领域由始至终都是信息产业。

【海】

这是孙正义自己加进去的。

“经历了‘风林火山’的征战，结果一定是火势如山，尸横遍野，疲敝不堪，但这并不是结束。只有像广阔的宁静的深海一样，吞没所有，抚平所有之后，战役才算结束。烧过的原野之下还会有火燃起。又会开始以下犯上。世界无法安定下来，一直在动乱的状态。”

“只有实现和平，战事才真的结束。”

以上就是孙正义用来砥砺自身的“修炼领袖的25个字”。他给学员留的第一次——也是永远的作业是，制订一个将软银的企业价值10年翻5倍的具体计划。

“我也一直是那么做的。如果领导不能具体地思考，部下就很难做。希望他们能不断思考。我现在也还没有停止思考。我希望他们能有那样的执着和信念！”

孙正义一直在讲，中间不曾休息过，但看不出他有一丝的疲倦。他热情地激励后继者候选人们，最后露出了爽朗的笑容。

“怀着远大的志向，加油吧！”

这之后，孙正义像往常一样认真地回答了媒体的提问。第二天还有决算说明会。他的活力真让人叹为观止。

我甚至觉得，这种超出常人的活力，才是成为孙正义的后继者的第一大条件。他的诚实，他亲自告诉我们领导者应该是什么样子，又亲身让我们看到了一个领导者的表率。时而带着幽默，抓住年轻人的心。

当然，只是听讲并不能把人培养成后继者。

“没那么容易。当候选人脱颖而出，我会让他们去重要部门任职，或者去分公司当社长，让他们实践几年，切磋琢磨一番。”

即使是外部的学员，如果是企业家，可以“通过资本合作，作为集团公司给予支持”，“成为主体的后继者也完全有可能”。即使没有被选作后继者，还是有机会成为“集团下800家公司的社长”。30年后是5 000家。

“即使没成接班人，也还是可以成为优秀的干部、优秀的领导者。”

软银学院培养出来的“领导者”，将负责建设“300年持续成长的组织”，不是中央集权型，而是网状的组织。另外，孙正义还说：“现在的规定是20岁以上，将来可能对高中生、初中生也会敞开门户。如果一个人10年，那么我说不定可以亲眼看到第四任统治者。”

孙正义的话语饱含热情。

“不要金钱也不要命，但求给人留下志向。”

软银学院将诞生怎样的领袖？他们又将创造怎样的世界？我们又该做什么？

“只要有自荐的勇气，其实谁都有机会。”

历史正迎来新的黎明。